300枚のユニークな広告が語る

こんなに明るかった朝鮮支配

ビジネス社

博覧会がやってくる ヤア!ヤア!ヤア!

科学と文明への信仰! 20世紀はEXPOの時代であった

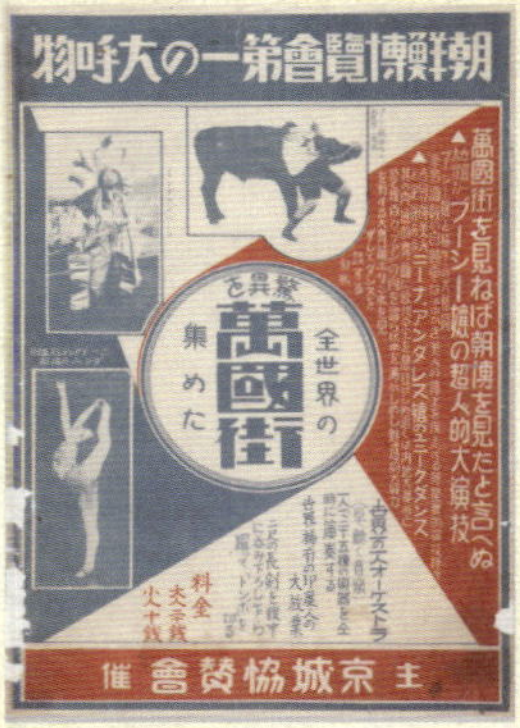

博覧会でのアトラクション・ショー。「力持ちブーシー嬢と猛牛との大格闘」など興味深い出し物が目白押し。ブーシーは体の上を自動車で轢かせるという芸当も得意としていた。

朝鮮博覧会の大型ポスター。日本の朝鮮経営の成果を内外に占める格好のイベントであった。

大礼博覧会に登場した朝鮮館。亀甲船に模した橋で不忍池を渡る。

朝鮮博覧会会場俯瞰図。会場は景福宮の敷地内に用意された。現代の韓国はこれを日帝による朝鮮王朝の圧殺行為としている。

大正から昭和初めにかけて博覧会ブームがあった。もっともよく知られているのは1928年（昭和3年）、昭和天皇即位を記念して上野公園を会場に開かれた大礼記念国産振興博覧会だろう。このときは朝鮮館もお目見し朝鮮の一般的な生活と産業が紹介された。

朝鮮ではそれに先立つ1915年（大正4年）、施政5年記念を謳《うた》った朝鮮物産共進会が開かれている。これが半島における本格的な博覧会第一号である。共進会は家庭博と同時開催され、そのオープニング・アクトには当代人気のマジシャン・松旭斎天勝とその一座が登場。会場では天勝と座員が変装して群衆に紛れ込み、みごと正体を見破った観客には賞金を出すという余興でも話題になった。

1929年（昭和4年）には、施政20周年記念事業として朝鮮博覧会が開かれ、のべ145万人の入場者を記録した。

朝鮮物産共進会のシンボルの噴水塔（右）と目玉パビリオンのひとつ鉄道館（左）。人を乗せて館内を一周するミニチュア機関車が人気を呼んだ。

アールデコの影響か、会場に居並ぶパビリオン群はまさに直線と曲線のマリアージュである。右は樺太館。

これも朝鮮博覧会の人気の回転飛行機。子供よりも大人に大受けだったとか。

朝鮮の模範的な家族風景がマネキンで再現された。

博覧会期間中、南大門も満艦飾にデコレートされた。

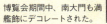

パンフレット・コレクション

崔承喜はアートである！

崔承喜《チェスンヒ》とは何か？　その目だ　その指先だ　黒髪だ
爪弾かれた弦のような肉体の躍動だ！
彼女のダンスを知らない人でも、
その写真を見れば残像を感じることができる。
崔承喜はそこにいるだけで芸術《アート》だ！

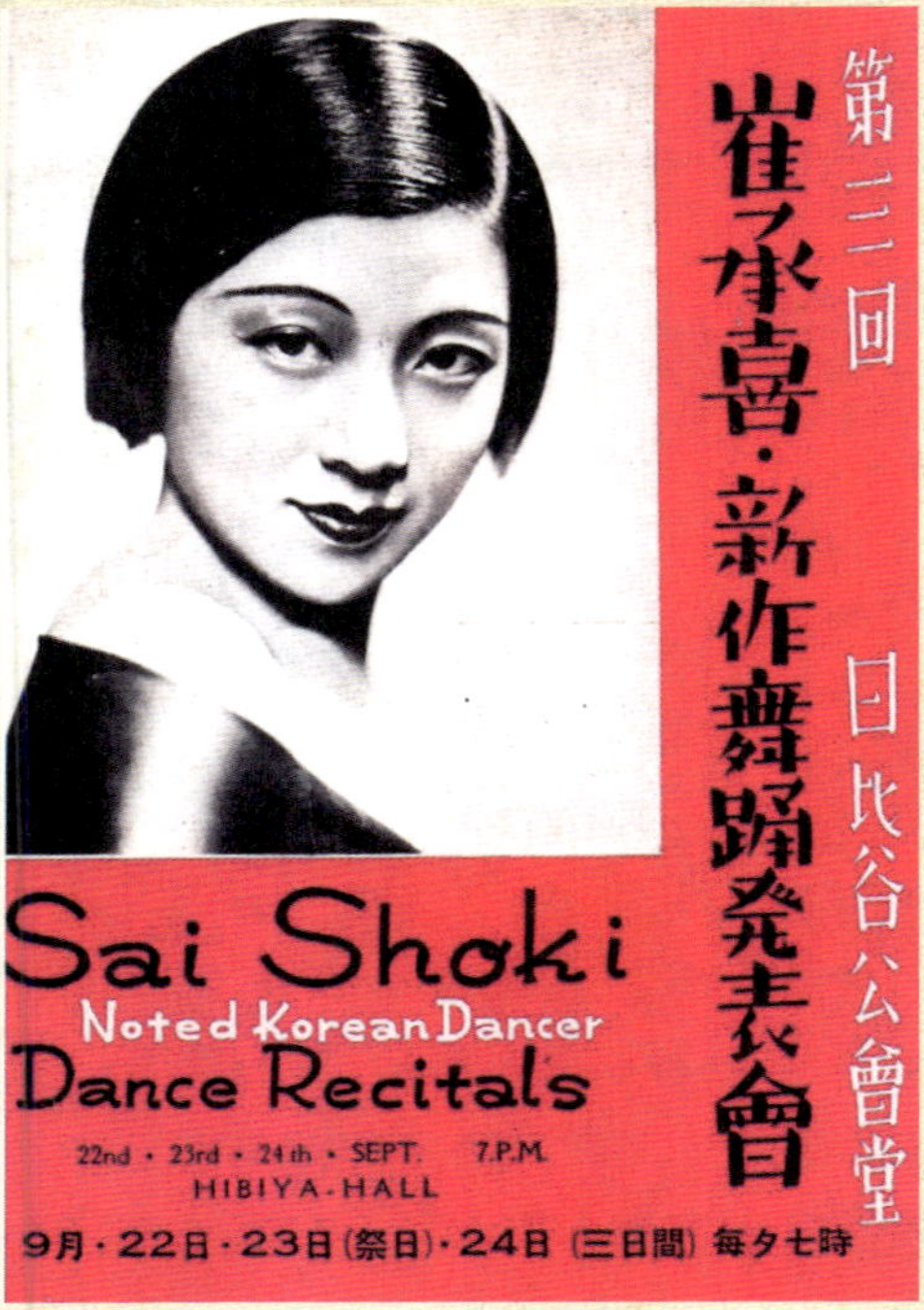

1936年「第3回崔承喜新作舞踊発表会」。演目は『妨げられしセレナーデ』『日本の幻想』他

1937年「崔承喜渡欧告別新作舞踊発表会」。演目は『金剛山雙曲』『菩薩の国』『玉水を浴びて』他

1937年「崔承喜渡欧告別新作舞踊発表会」。朝鮮風ともモンゴル風とも宇宙人風ともいえぬ不思議な衣装だ。

大阪劇場での特別講演の予告。この凛とした上目遣い、彼女の得意の表情である。

海外公演パンフレット

アメリカ公演のものと思われる。タイトル・ロゴがどこかバーレスク風なのはお国柄？

彼女の指先のアップが中心という大胆なデザイン。

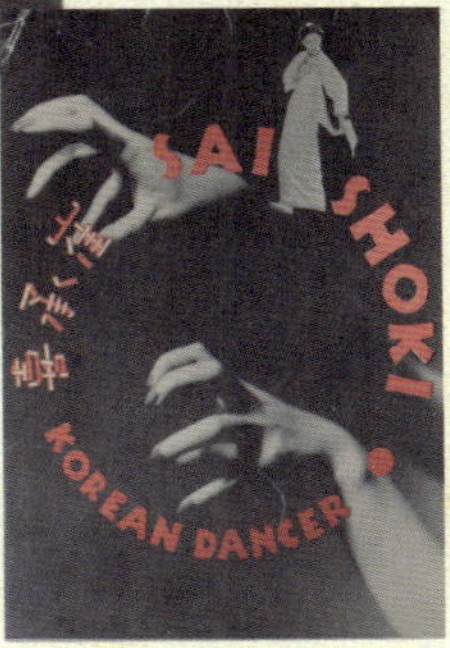

飛翔する少女。鵠沼海岸で撮られた有名なショットが使われている。

トリコロールから察するにフランス公演のものか。写真は10代のころのもの。

これが80年前のデザイン・ワークだと誰が思うだろうか。

フランス公演。シャイヨー国立劇場、1939年6月15日木曜、2度目の公演とある。シャイヨーはこの年でまだオープン2年目。

雑誌がいっぱい！

この時代、雑誌の表紙を飾ったのは女性たちだった！

『モダン日本』は文藝春秋社から独立後、しばらくして『新太陽』と改題。特集は「戦う朝鮮」。支那事変勃発後、半島からは「朝鮮にも徴兵制を」という声が日増しに高まっていたのは事実である。（「京城日報」1943年10月27日）

『モダン日本』。もともとは通俗的読物誌だったが、菊池寛の秘蔵っ子・馬海松（マヘソン）が編集長に就任以後、30万部を誇る大衆論壇誌に成長し、内地に朝鮮ブームを起こす。臨時増刊の表紙は人気女優・文芸峰（ムンイェボン）。

雑誌タイトルの「新女性」（シニョソン）とは、半島版モダンガールのこと。彼女たちは旧来の儒教道徳に縛られることを良しとせず、短髪、洋装、あるいはミニ丈のチマにハイヒールで颯爽と街を闊歩し、自由恋愛を楽しんだ。そんな新時代の幕開けに相応しい女性誌。

「別乾坤」（ヒョルゴンコン）とは別天地の意味。『三千里』と並ぶ文芸オピニオン誌の雄。カバー絵に注目。女性が男に荷物を持たせて颯爽と前を行く。併合前には考えられなかった図だ。パラソルは新女性の必需アイテムである。

『三千里』。表紙絵から見ても『別乾坤』に比してやや保守傾向を感じるが、女性運動家・金一葉（ギムイルヨプ）が「新貞操論」を発表した雑誌といえば、その歴史的価値がわかる。のちに『新東亜』と改題。現在も続いている。

『モダン朝鮮』。80年代の雑誌といってもおかしくないデザイン・センスだ。表紙にカレンダーがついている。(1936年9月創刊号)

『婦人』。大正初期の雑誌で表紙イラストもやや古臭いが、すでに、女性の髪形に和風の影響が見られる。(1922年7月号)

『映画時代』。映画雑誌というよりミステリー雑誌といった感じの表紙。当時流行の猟奇ムードを反映している。(1931年4月号)

四海公論社発行の『四海公論』。同社は女性誌『婦人公論』(中央公論社のそれとは別物)も発行していた。本屋には二種の『夫人公論』がならびまぎらわしかった。

同人文芸誌も花盛り

親日派も独立派もその言論発信基地は内地(東京)だった。

『新小説』。李光洙、金東仁、廉相渉ら一級の作家、思想家が参加。(1930年1月号)

『青春』。独立宣言の起草者でもある文学者・崔南善が私費を投じて発行。(1914年10月号)

『新階段』。社会主義者系の同人誌だったせいか「〜(略)」という形で伏字が多かった。

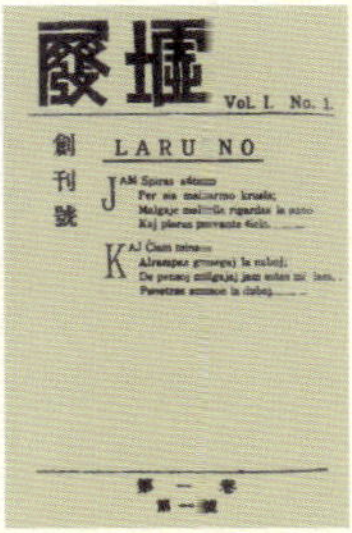

『廃墟』。題名通り退廃趣味が強い。残念ながら二号で廃刊。表紙にエスペラントが躍る。

ホーロー看板ギャラリー

半島に残る昭和レトロの香り

なつかしいホーロー看板。さすがにソウルでは無理でも、釜山あたりにいけば、これら昭和の遺物に出くわすこともあるという。しかし、そんなラッキーな遭遇を期待できるのも時間の問題。ホーロー看板は韓国でもコレクターの垂涎《すいぜん》の的なのだ。

水色に黄色い文字が美しい「森永ミルク」。

そういえば、パナソニックになって、ナショナルの商標もなくなった。

地下足袋とあるが、絵はレインシューズのようだ。アサヒ地下足袋。

貝印の石油会社といえば、シェル・オイルなのだが、なぜかライジング・サン。

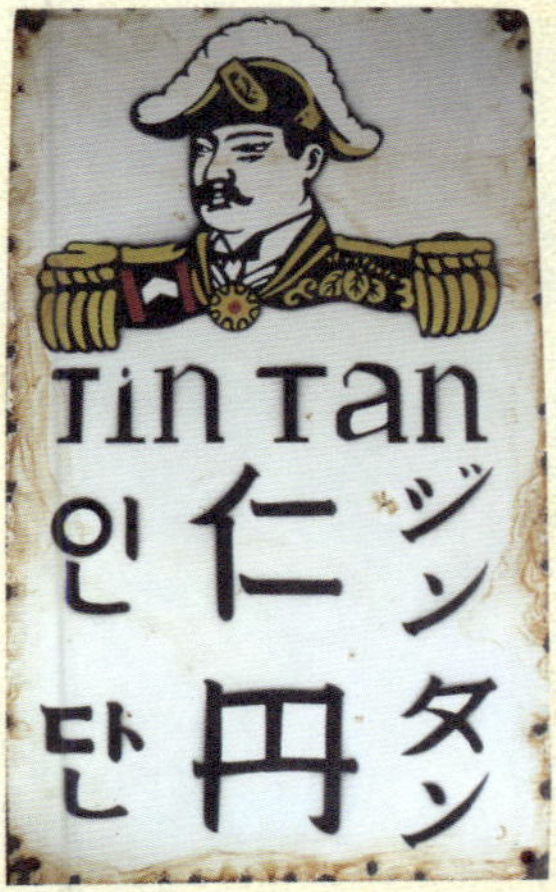

ひろく東南アジアでも知られた森下仁丹。ホーロー看板もさまざまなバージョンが。

ご存知、森下仁丹。朝鮮ではなぜか銀丹(ウンタン)になる。

はじめに　「日韓併合時代が暗黒」は韓国の自虐史観

韓国人はしばしば、日韓併合の36年間を「人類史上類例のない過酷な植民地支配」の時代という。となれば、英国のインドやマレー半島の統治や、オランダによるインドネシアの統治の方が、日本の朝鮮統治よりずっとずっと人道的であったという話になる。逆にいえば、日本人でなく、英国人やオランダ人に支配された方がまだしも幸福だったということにならなければ理屈があわない。インド人やマレー人が聞いたら腰を抜かすことだろう。

また、韓国の歴史教科書では、日本が彼らの文化や言葉、民族の名前を奪ったと記している。果たしてそれは本当か。

すでに日韓併合の歴史的検証については諸先輩によるさまざまな本が出ている。僕ごときがあえて屋上屋を架することもないかもしれないが、多くの検証本、研究本が歴史学の立場、あるいは政治的な観点に立脚したもので、大衆文化からのアプローチというのは、おそらく皆無に近いのではないだろうか。ならばそれをやる適任者は自分だ、というささやかな自負が本書を書く原動力となった。

以前、僕は「チャンネルＡｊｅｒ」というネット放送で『サブカル視点』という番組を持たせていただいていた。そのなかで3回にわたって日韓併合時代の朝鮮の新聞広告を特集し好評をいただいた。むろん、本書はそれを下敷きにしている。

思えば、広告というものは時代を反映する鏡ではないか。その時代に生きた人たちが何を望み、何を求めていたのかがひと目でわかる。当然のことながらその鏡は、経済や暮らしを映しだしている。明日のパンも事欠く社会にスポーツカーの広告があふれるわけはない。広告は豊かさのバロメーターでもあるのだ。

こうやって併合時代の広告を見ていると、併合時代の半島の人たちの生活程度が現代の私たちのそれとさした違いがないことがわかる。生活程度とはむろん知的程度も含む。あの時代、内地にいた朝鮮人は労働者だけではない。多くのインテリたちが内地に留学し、さまざまな刺激を受け、表現活動や社会運動に身を捧げていった。たとえば、李光洙《イグァンス》、崔麟《チェイン》、金東仁《キムドンイン》。彼らはみな何らかの形で三一万歳闘争（1919年3月1日に日本統治時代の朝鮮で起こった日本からの朝鮮独立運動）に参加、その主導的立場にいた人たちである。その彼らがどのような葛藤を経て内鮮一体（朝鮮を差別待遇せずに内地〔日本本土〕と一体化しようというスローガン）の伝道者になっていったか、それについてはいずれ僕なりの考察をまとめてみたいと思う。

　また、女子の留学組からは「新女性」というモダンガールの風俗流行を生んだ。彼女らは短髪に洋装、あるいはミニ丈のチマチョゴリにハイヒール、手にパラソルといったいでたちで、アスファルトの靴音も軽やかに颯爽《さっそう》と歩いてみせた。外国かぶれという言葉があるが、彼女たちをあえていうなら、内地かぶれ。内地の最新の流行に敏感で、内地にあふれる欧米文化の吸収に余念のなかった彼女たちは、英語や日本語まじりの独特の「新女性」言葉で、旧弊の儒教道徳にしがみつく男たちを煙にまいた。

　やがてこれら新女性の中から金一葉《キムイルヨプ》、羅蕙錫《ナヘソク》、金明淳《キムミョンスン》ら急進的な女性解放運動《ウーマンリブ》の闘士が誕生していく。

　驚くなかれ、日韓併合時代には、朝鮮婦人による女性解放運動が起こるほどに自由の空気に満ちていたのだ。「人類史上類例のない過酷な植民地支配」のこれが正体なのである。上野千鶴子女史らフェミニストの学者先生には、女性史という観点から、日韓併合時代を正当に評価していただきたい。

　この朝鮮女子の女性解放運動の人間ドラマも実に驚愕無比。書き進めていったらこれだけでゆうに30ページ分を超えてしまい、紙面の都合上、今回は涙を呑んで収録を断念した。これも近いうちに、何らかの形で発表したいと思う。

　朝鮮の抗日史という文脈でしか語られない三一運動にしても調べていくといろんな側面が見えてくる。総督府は最終的にこれを武力で鎮圧したが、時の原敬内閣はこの処置を施した長谷川好道《よしみち》総督を解任しているばかりか、独立運動家のリーダーのひとり、呂運亨《ヨウニョン》を招聘して各地で演説させているのである。「彼らの言い分も聞こう」ということらしい。吉野作造や石橋湛山《たんざん》といった内地のインテリの一部はむしろ彼らに同情的ですらあった。

　北澤楽天といえば、手塚治虫にも影響を与えたことでも知られる戦前の風刺漫画家だが、時事新報に掲載された彼の興味深い作品を紹介しておく。三一運動の最中か直後に描かれたものだろう。サーベルを下げた巡査（総督府）がチョゴリの少女（朝鮮）をあやそうとしているが、ますます泣かれて手こずっている図だ。これはまさに、武断統治から文化統治への移行を予見するものだろう。事実、長谷川に代わって齋藤實《まこと》が総督府に就任して以後、三一運動規模の大がかりな抵抗はなくなっている。

雨降って地固まるという。内鮮がともに味わった陣痛、僕は三一運動をそう評価する。

朝鮮戦争終結宣言から南北融和、統一へ、気の早いメディアはすでに予定稿を書き上げているようである。日本も拉致問題の解決を条件に、どこかのタイミングで北朝鮮に莫大《ばくだい》な経済支援をせざるをえなくなるだろう。その際、またぞろ「人類史上類例のない過酷な植民地支配」論がぶりかえされるはずである。これには韓国も加担し騒ぎ立てるだろう。なんのことはない。うるさいスピーカーが1台から2台になっただけである。

本書がそれらに対する反証のひとつの資料となってくれれば幸いだと思う。

併合時代、半島の人々は被搾取者ではなく、立派な「消費者」だったのである。化粧品もキャラメルも自動車も稼ぎに応じて好きに買えた。ついでにいえば、かしこい消費者でもあった。なかには日本人相手に大儲《もう》けした人もいっぱいいる。むしろそれを誇るべきではないか。併合時代の朝鮮人が目も耳も口も塞《ふさ》がれた、主体性をもたぬ奴隷だったと主張するのは、それこそ自分たちのご先祖さまに対する冒瀆《ぼうとく》であり、韓国流の「自虐史観」そのものではないかというのが僕の意見である。

但馬オサム

「サアベルのおぢちゃんに子守は不適任か」。
武断統治の限界を風刺している。

第1章　「消費」が拡大し広告があふれた時代

第2章 民族を背負った「男」たち

第3章 「女性」が輝く併合時代

第1章

「消費」が拡大し広告があふれた時代

時代を映す「広告」をみれば、その時代に生きた人たちが何を望み、何を求めていたのかがひと目でわかる。日本の統治下にあった朝鮮半島の生活は「被搾取者」ではなく、かしこい「消費者」であり、実は現代と大差のない生活だった

「くすり広告」に見る伝統とモダニズム

時におどろおどろしく、時にポップで最先端。くすりの宣伝広告は時代を描くアートのようだ

バラエティー豊かな広告宣伝のルーツは「薬」

明治の末から昭和の初期にかけて人気を博した、通称「オイチニの薬売り」という街頭宣伝販売部隊があった。金モールをつけた軍服まがいの服装に身を包んだ販売員が手風琴《てふうきん》を鳴らし、薬の効用を歌にしながら、オイチニーオイチニーと練り歩くというもので、特に当時の子供には大うけだったらしい。仕掛人は生盛薬館という薬屋の行商元で、なぜ、軍服かというと、この街頭宣伝員の多くが日露戦争で傷を負った傷痍《しょうい》軍人たちだったからで、彼らの社会復帰と雇用をかねていたという。

正露丸ももともとは征露丸（露西亜を征伐する、の意）だし、仁丹のトレードマークは元帥だし、当時の薬品関係の名称や意匠には日露戦争をイメージさせるものも多い。薬＝病気をやっつける軍隊という発想なのかもしれない。東郷平八郎や乃木希典《まれすけ》の似顔絵もたびたび薬の包み紙に使われているが、肖像権などという概念が確立していなかった時代の産物であろう。薬の景品に紙風船やすごろくがつくようになったのもこのころでだそうで、どうやら薬というのは、コマーシャリズムの最先端をいっていたようだ。

ソウル大学病院の公式ブログによると、朝鮮に日本の売薬業者が参入してきたのは、併合以前の1898年（明治31年）ごろだという。日本式薬局はまず、釜山《プサン》、仁川《インチョン》、元山《ウォンサン》といった港町にお目見えし、日本人居住者が拡大するのに合わせて京城《ソウル》、大邱《テグ》、木浦《モッポ》などへ広がっていったという。当初は、石鹸《せっけん》や歯磨きなど生活必需品が主で薬品は従といった品ぞろえだったが、少しずつそれが逆転していった。合わせて朝鮮人の顧客も増えていったという。当時の朝鮮には、宣教師が持ちこんだ西洋医療、伝統的な漢方医療もあったが、それらはおおむね都市部の、

比較的裕福な層が享受できるだけであって、農村へいけばまだまだ巫堂《ムーダン》による呪術《じゅじゅつ》治療や民間療法が幅を利かせている状況であった。民間療法といっても、玄関にニンニクと牛の頭を置くと腸チフス除けになるといった、およそ非科学的なもので、そんな中へ比較的安価な日本の市販薬が入ってきたのである。

薬局でいえば、ソウルの新井薬房、山岩天祐堂薬房、北島薬房、釜山の大黒薬房、平壌《ピョンヤン》の森田薬房などが有名どころである。これらはじょじょに支店網を拡大していった。現在のドラッグストアー・チェーンと同じである。薬品としては、太田胃散、健脳丸、大学目薬、それに仁丹が人気だったという。

日露戦争直後に薬の街頭宣伝発売がはじまった

街頭宣伝発売が始まったのは、日露戦争直後で、これはほとんど内地とタイムラグはない。そもそも日露戦争自体、朝鮮は当事者の1人であるし、日本の勝利は一般朝鮮人民にとっても喝采に値することだった。販売員はやはり、退役軍人が多かったそうだ。

１９１０年代に入ると、朝鮮人経営の薬局も街頭宣伝販売を始めた。有名なところでは仁川に本拠を置く李庚鳳《イギョンボン》の済生堂薬房、京城にあった李應善《イウンソン》の和平堂薬房が双璧《そうへき》の存在で、両社は当時の新聞広告でも最大の広告主であった。どちらの薬局も、リヤカーに幟《のぼり》を立て小規模の楽団を編成した販売員を派遣し、鳴り物入りで街頭宣伝を行い人だかりを作ったという。ちなみに李應善は薬剤師免許を習得した最初の朝鮮人である。

済生堂薬房も和平堂も漢方薬を出発点としているが、いわゆる西洋医薬のジャンルで朝鮮の製薬会社として最古の歴史を持つのは柳韓《ユハン》洋行である。同社はアメリカ帰りの柳一韓《リュイルハン》によって１９２６年（大正15年）、京城に設立されている。洋行という名の通り、当初はキニーネなどの医薬品をアメリカから輸入する会社としてスタート、のちに薬品の自社生産にも乗り出している。アンチプラミンという軟膏薬が最初のヒット商品となった。

柳韓は創立90周年を迎え、現在も韓国製薬メーカーのシェア4位をキープしている。一族世襲経営が当たり前の韓国企業のなかで、創業者・柳一韓は同族に経営権を継がせなかったとても稀有な存在である。

和平堂薬房「売薬行商員（宣伝販売員）三千五百人至急応募」。販売員がどれほど人気だったかがよくわかる。（東亜日報1913年9月21日号）

済生堂薬房本店に並ぶ幟を立てた宣伝隊。当時の主力商品は済生保命丹。「万病に効く」が謳い文句の消化剤である。

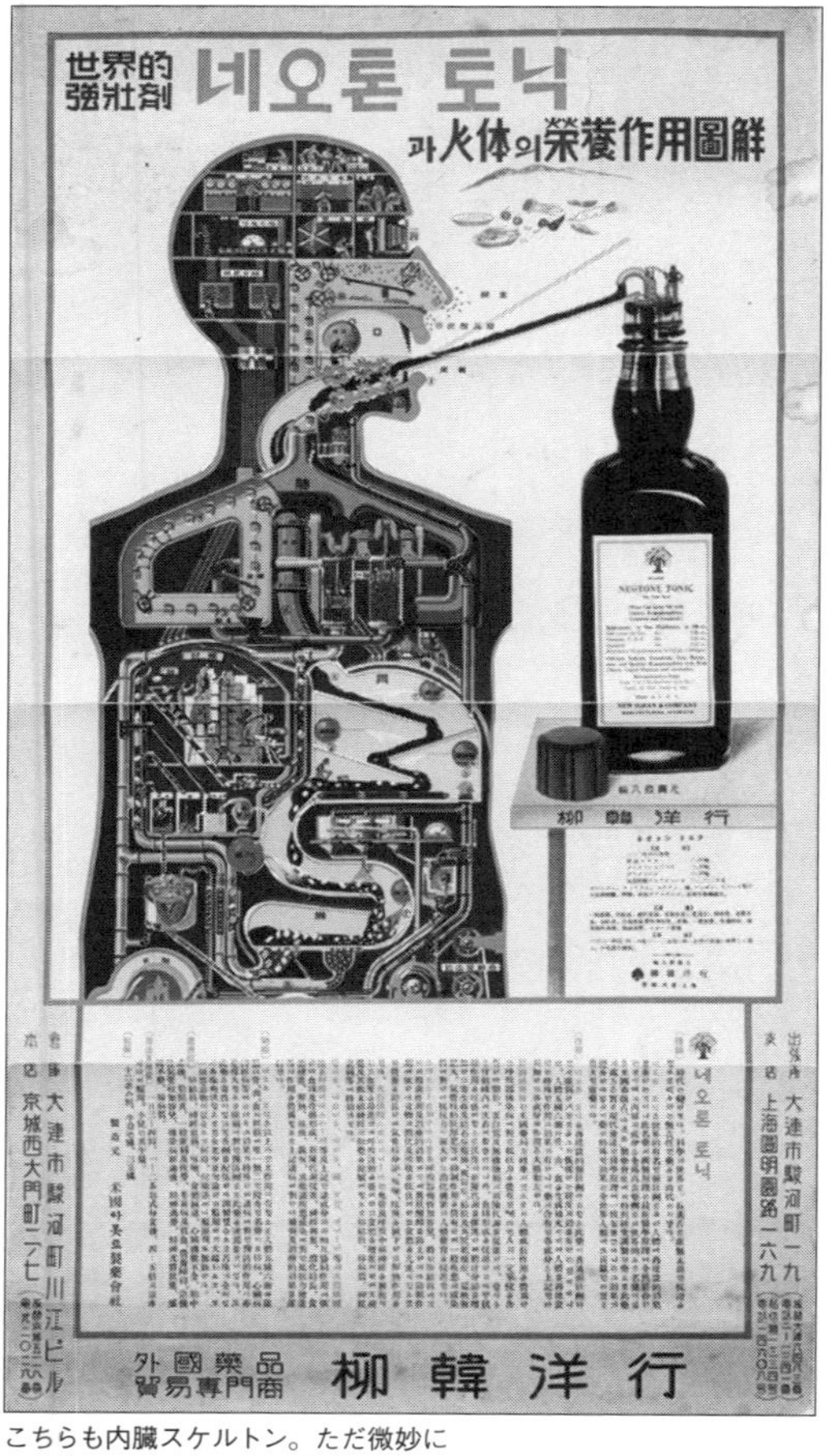

こちらも内臓スケルトン。ただ微妙にメカ化しているところはデザイン的に進化している。柳韓洋行が輸入販売していたネオトントニックという滋養強壮剤。（1930年ころの販促用ポスター）

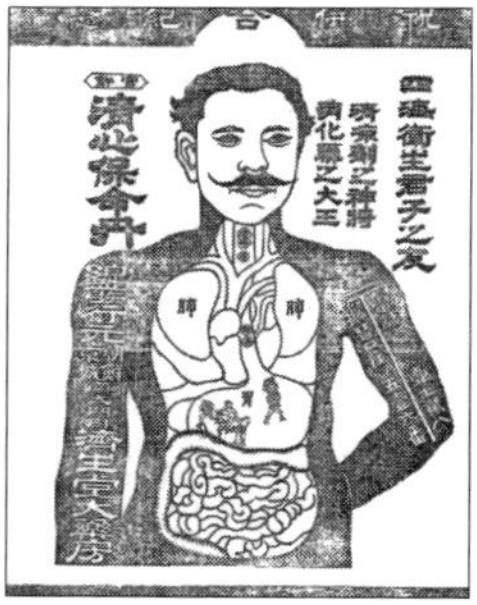

清心保命丹。「四海衛生君子之友」「清涼剤之神将・消化剤之大王」。よく見ると胃の中で薬が“仕事”している。これも「祝併合記念」とある。（朝鮮日報1911年4月13日）

キナポンの主成分はキニーネ。キニーネは本来マラリアの特効薬だが、肺炎、流感、熱病、なんにでも使えるようだ。（東亜日報1926年10月日付未詳）

大学ノート、大学芋、大学目薬。「大学」がつくと、それだけでハイカラで知的な気分になれた。このころからすでに紫外線の害について認識があったようだ。（毎日新報1932年5月8日）

これ、今だったらやばいんじゃないな。ミッ〇ーもどきがもっているのは浅田飴のようだ。2・26事件の朝刊にこんなノホホンとした広告が載っているというのも感慨深いものがある。（朝鮮日報1936年2月26日）

モルヒネが解毒剤として販売されていた？　今でも末期ガン患者の痛み止めに使われてはいるが。（朝鮮日報1930年1月8日）

【婦人薬のミューズたち】

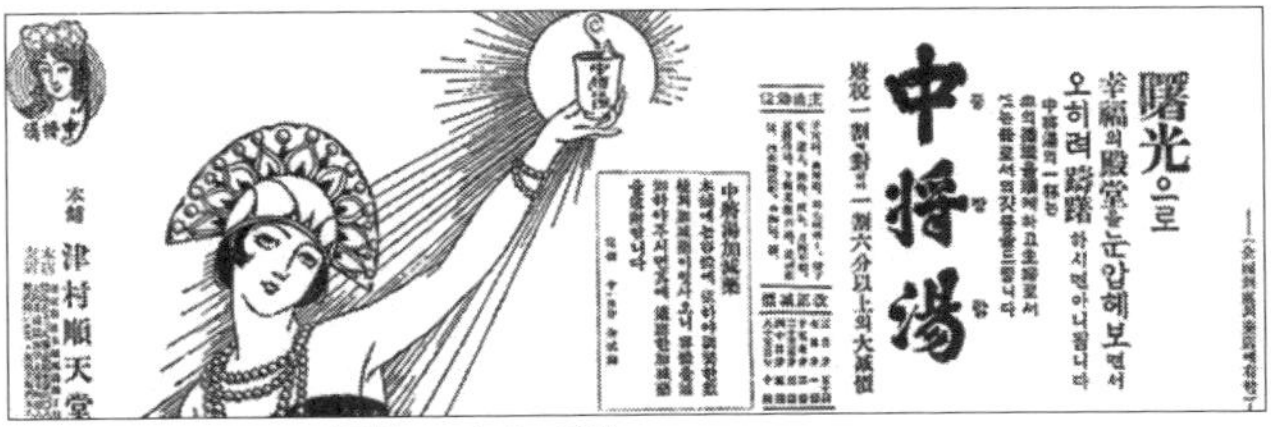

中将湯。おなじみのお姫様マークは、挿絵画家･高畠華宵によるもの。当時全盛のアール･ヌーヴォーのテイストを感じる。冷え症、月経痛、産後、更年期障害、よろず婦人病によいらしい。（朝鮮日報1921年1月17日）

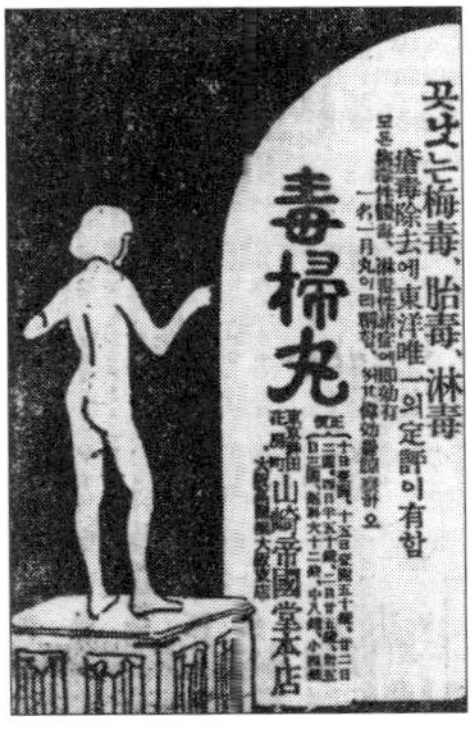

毒掃丸は今も続く女性向け便秘薬の超ロングセラーだが、梅毒や淋病にも効くとは知らなんだ。背面とはいえ、女性の裸のイラストが使われている。（東亜日報1927年3月？日）

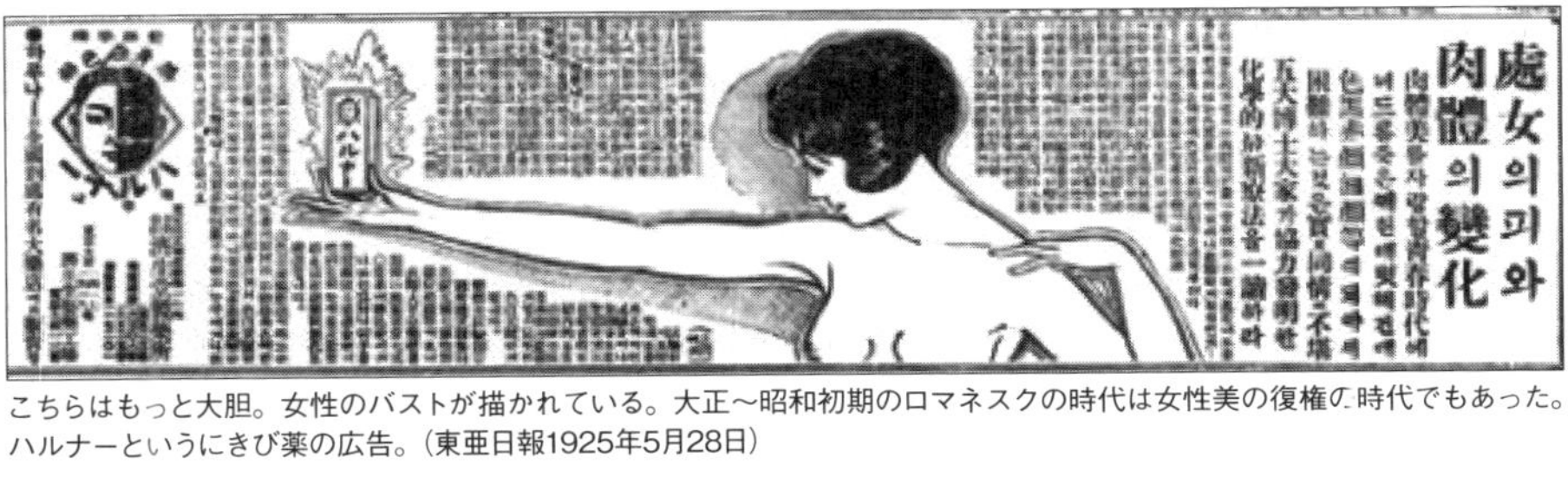

こちらはもっと大胆。女性のバストが描かれている。大正～昭和初期のロマネスクの時代は女性美の復権の時代でもあった。ハルナーというにきび薬の広告。（東亜日報1925年5月28日）

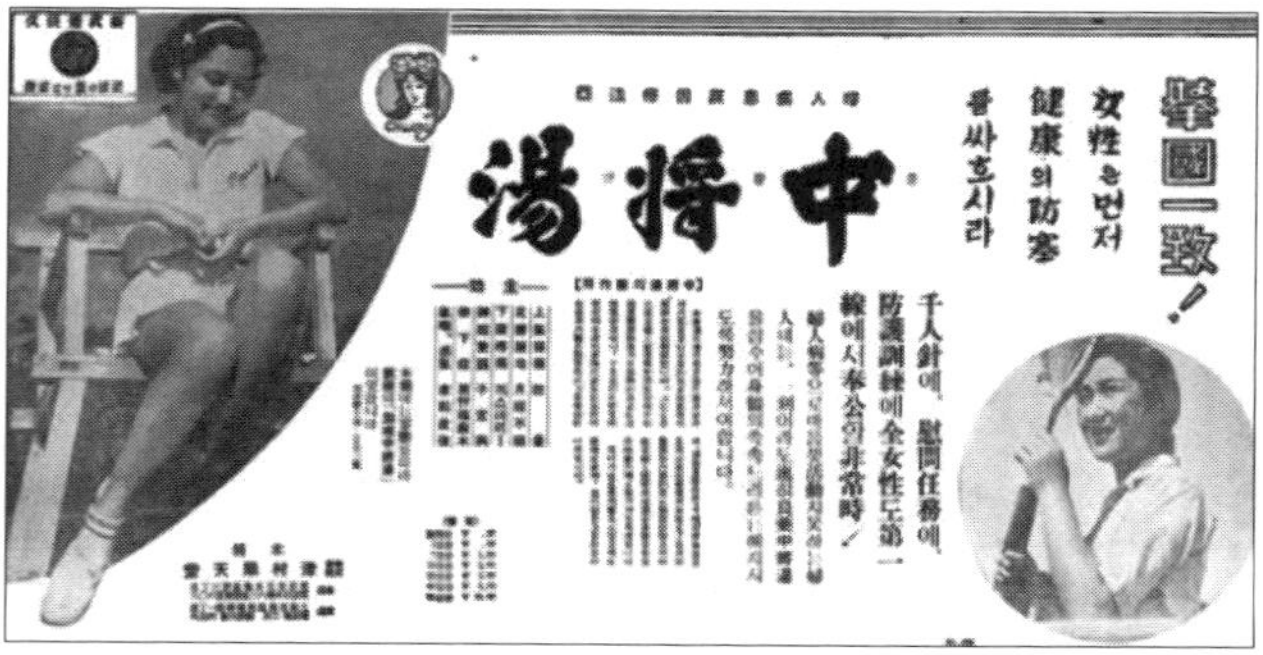

テニスのスコート（ミニスカート）姿の女性と「挙国一致」の4文字があまりにミスマッチ（死語）。他にも「千人針」「慰問任務」「防護訓練」「奉公」「非常時」。婦人病なんてなっちゃあいられないということか。支那事変の年である。（東亜日報1937年9月30日）

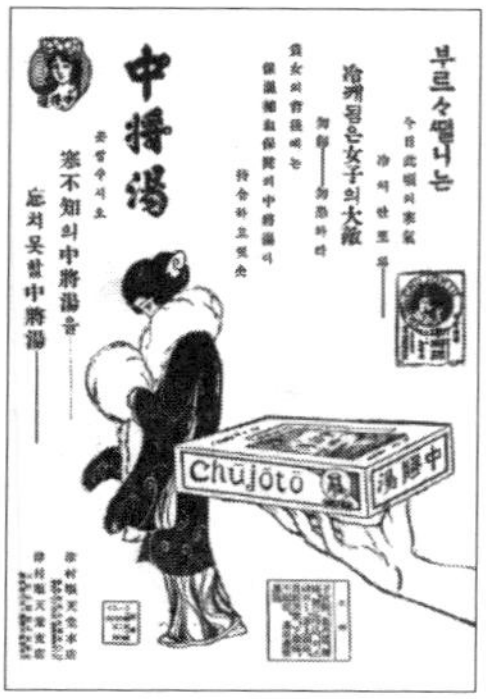

「冷え症は女子の大敵。保温補血保険。中将湯で寒さ知らず」。恥じらいを湛えたイラストが味わい深いが、やはり「子宮病」という文字にはドキリとさせられる。（東亜日報1920年2月2日）

【太れる!】

滋陽丸。この手の広告にありがちな、「使用前」「使用後」イラスト。それにしても極端だな。よく見ると、李應善の平和堂。

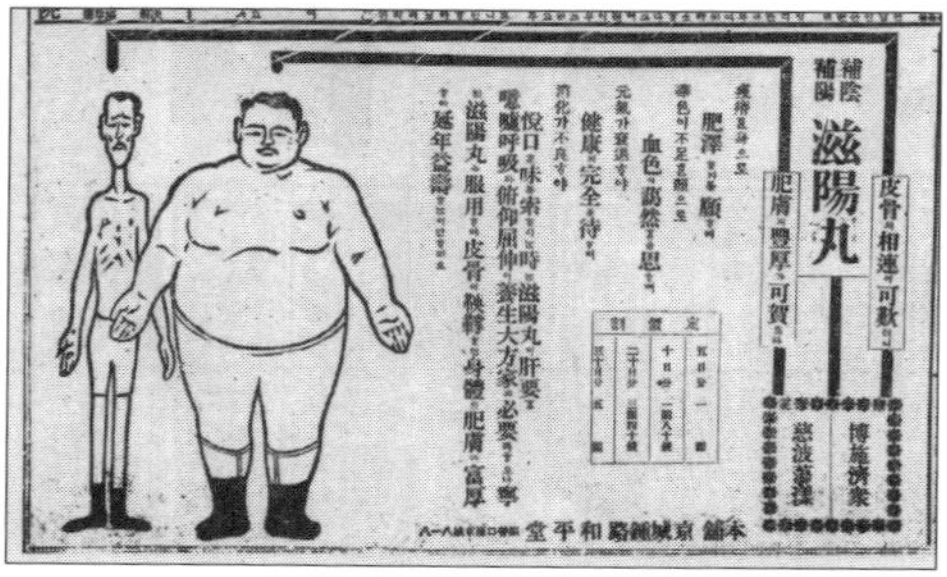

【性病にNO!】

性病は潜伏期間が怖い、ということか。女性がタキシード姿の男（性病）を撃退している。やはりアール・ヌーヴォーの影響が見られる。（朝鮮日報1930年7月日付未詳）

「日獨英米佛・発明特許」という触れ込みの健康ベルトの広告。日独防共協定が結ばれたのは1936年である。この広告が出た1年後に日米開戦がある。写真の美少年は「八幡市 江島忠君」なのだそうだ。（朝鮮日報1940年10月11日）

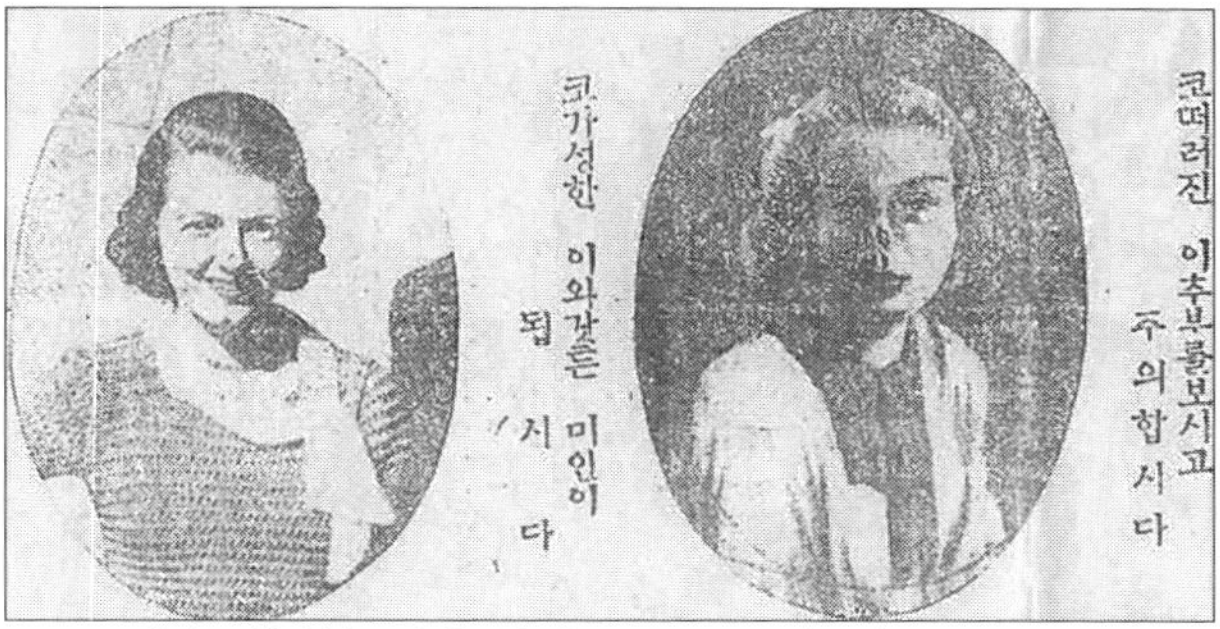

いきなり「매독（梅毒）」の文字が強烈。と思ったら、鼻の溶けた金髪美女の写真がなおエグい。今だったらクレームものだぞ。神崎神聖堂が輸入する性病治療薬「プロダー」の全面広告。

【害虫退散】

蚊を取るからカトール。わかりやすいネーミングだ。赤ちゃんにも安全という図だろうか。妙に色っぽいママに、なにやら吹き出しでぼやいているカエル。（朝鮮日報1936年6月29日）

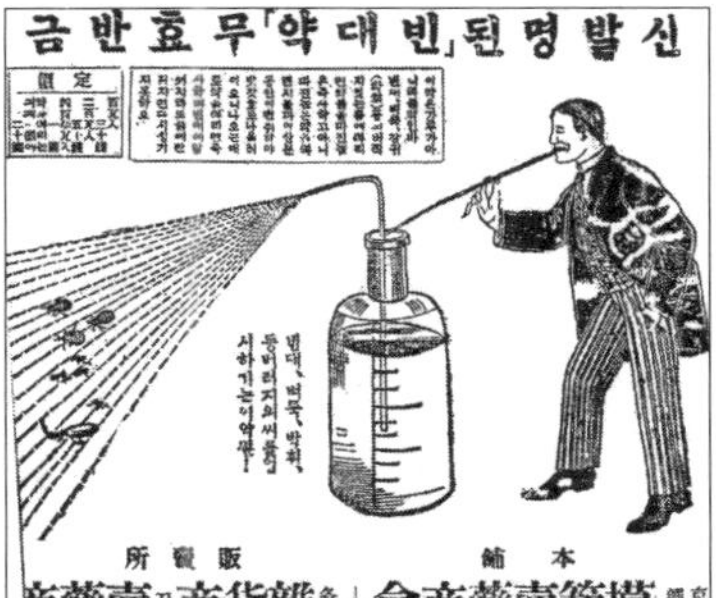

新発明南京虫駆除薬。「効果がなかったら代金はお返しします」。こういう息を吹き込んで噴霧するタイプの殺虫剤、間違えて呑み込んでしまったらどうなるんだろうといつも思う。（毎日新報1921年11月日付未詳）

上の牛皮靴の広告もインパクトありだが、「回虫死刑」は有無を言わせぬ迫力がある。うなきをさばいているのか思ったら、まな板の上にあるのは回虫なのね。（朝鮮日報1927年3月2日）

朝鮮人の味覚を変えた「味の素」

韓国の食生活に今も溶け込む白いUMAMIとは

海を越えた世界初の化学調味料

１９０７年（明治40年）、東京帝国大学の池田菊苗《きくなえ》（理学博士）が昆布のだし汁からL-グルタミン酸ナトリウム＝ＭＳＧ（Mono sodium Glutamate）の抽出に成功する。甘味、塩味、酸味、苦味に次ぐ第五の味覚である「うま味」の歴史的発見である（ｕｍａｍｉは現在世界共通の公式用語になっている）。翌１９０８年（明治41年）、池田は、「グルタミン酸を主成分とした調味料製造法」に関する特許を修得、彼から事業経営を託された鈴木三郎助によって同年、世界初のＭＳＧ調味料は「味の素」という秀逸な商標を得て世に放たれた。

昭和に入ると、「味の素」は国内だけではなく、支那や満州、南洋諸国、遠く北米、南米にまでその名をとどろかせるようになる。１９３１年（昭和6年）の輸出量は計２４３トン、全生産量の24パーセントにおよび、１９３７年（昭和12年）には、その6倍にあたる１５１０トンにまで輸出量を拡大している。戦前の外貨獲得の隠れた功労者でもあったのだ。

朝鮮ではまず１９２８年（昭和3年）に現地に住む内地人向けに販売を開始し好評を得ており、これに気をよくした鈴木商店（当時の「味の素」の屋号）は、１９３１年（昭和6年）に京城市西小門町に朝鮮事務所を設置して朝鮮の人々へ向けての販売体制の強化に乗り出している。半島各地の支社に「味の素会」というキャンペーン隊を置き、試供品や販促用のカレンダーの配布、ネオンサインや広告塔の活用、「味の素」と書かれたエプロン姿の女性を先頭にした鼓笛隊による街頭宣伝など、現代と変わらぬ広告作戦が展開された。１９３３年（昭和8年）には京城の南大門《ナンデムン》近くに地上4階建ての新事務所をオープンし移転、ちゃくちゃくと事業を拡大していった。

「母が味の素を使ってくれるので残さず食べました」。ちょっと生意気そうな子供の表情に加え猫がいい雰囲気を醸している。子供からお年寄りまで幅広い年齢層に親しまれているということだろうか。（中央日報1934年9月4日）

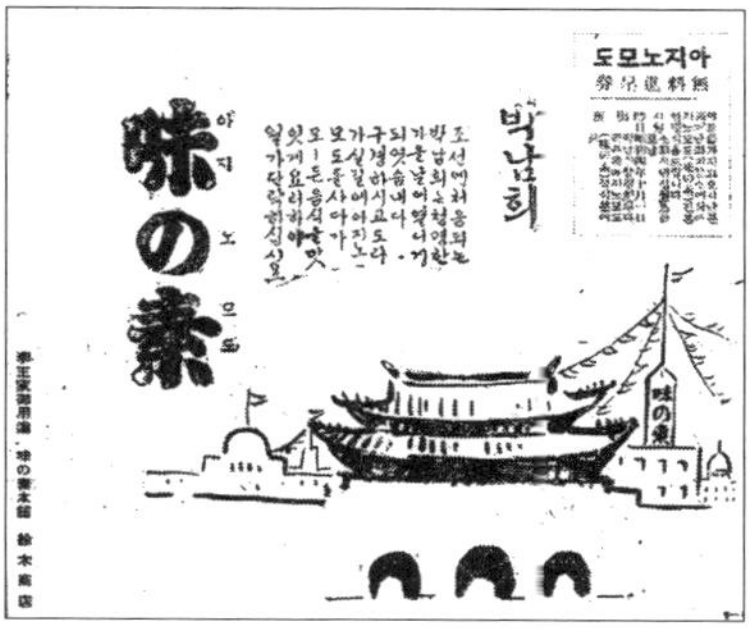

朝鮮総督府（左）、南大門（中）、そして「味の素」の広告塔。同年９月後半から　月末にかけて京城で朝鮮博覧会が開催。「味の素」も味の素デーと称して試食キャンペーンを行った。それを宣伝してのもの。（東亜日報1929年９月２日）

「味がしないよう」とぐずっていた子供も「味の素」で調理すれば、大満足。このような漫画式の広告シリーズもあった。子供が消費の王様に躍り出るまでにはもう少し時間が必要だ。予見的な広告。（中央日報1936年8月5日）

「良き日に」。年長者、とりわけお年寄りを敬うのは儒教の根本道徳。「味の素」は長寿の源、というわけだろうか。おじいさんが手に持っているのは「味の素」のガラス瓶で、このしゃれた新容器もまたヒットの要因だった。（東亜日報1929年3月日付未詳）

主婦の味方「味の素」

簡単、便利、美味しい、が朝鮮の家庭にもたらしたもの

「忘れてはいけない。匙一杯は女性の数値」。いかに便利な「味の素」でも使う人の微妙な匙加減次第ということだろうか。最後は技量がものをいうと、購買者たる主婦のプライドをくすぐることも忘れない。（中央日報1936年8月12日）

「主婦」という言葉が登場するのもこのころだろう。伝統的な朝鮮の家庭では、妻とは「婚家に仕え跡取りである長子を生み育てる者」でしかなかった。調味料の浸透は、家事一切を取り仕切る「台所の主」＝主婦を誕生させたのだ。（東亜日報1928年4月日付未詳）

もちろん、新聞紙上での広告アプローチにも余念がなかった。併合時代のスーパースターだった舞踏家の崔承喜《チェスンヒ》をモデルに使用し（86ページ参照）、「李王家御用達」のブランド・イメージで購買意欲を刺激する一方、チマチョゴリ姿の婦人や白菜漬けのイラストを使い庶民の生活の中にある「味の素」をアピールしたのが成功のカギだったようだ。実際、「味の素」はキムチやチゲ、冷麵といった伝統的な朝鮮の味にも溶け込み、人々の舌に認知されることになった。ハングルまじりの、これらのイラスト入り広告を改めて見て、「日本帝国主義が朝鮮から文化と文字を奪った」という戦後韓国の主張がいかに虚構の歴史観をもとにしたものであるかご理解できよう。

１９３１年（昭和6年）にはわずか58トンだった朝鮮への「味の素」移出高は１９３７年（昭和12年）には２１８トン、6年で5倍の伸びである（現地生産分は除く）。

現在でも韓国の大衆料理に化学調味料は欠かせない。パッケージもロゴも本家そっくりな「味元」（ミウォン）と「味豊」（ミプン）という二つの韓国版「味の素」が覇を争う状況が長く続いている。MGSはすっかりオモニの味として定着しているようだ。

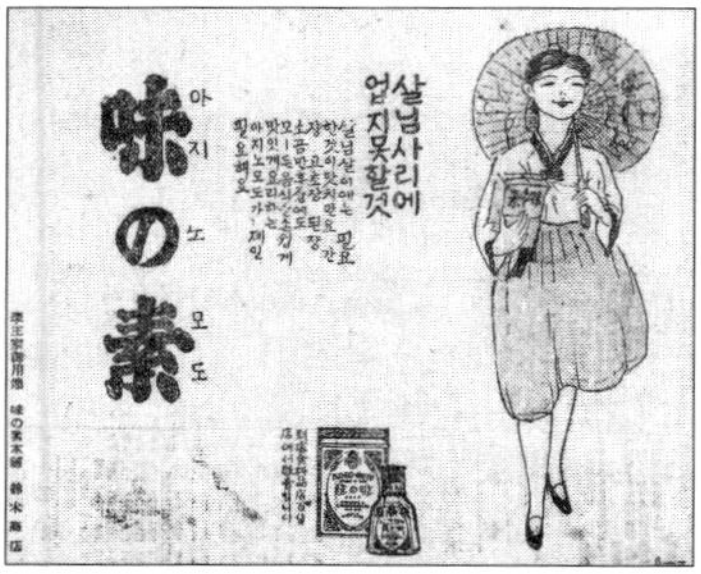

膝上の短いチマ（スカート）に洋靴、それに日傘。いわいる当時の「新女性」（モダンガール）のファッションである。まさに颯爽という言葉が似合う。李朝時代、女性は生家と婚家の塀の中しか知らない場合も多かった。（「中外日報」1930年8月6日）

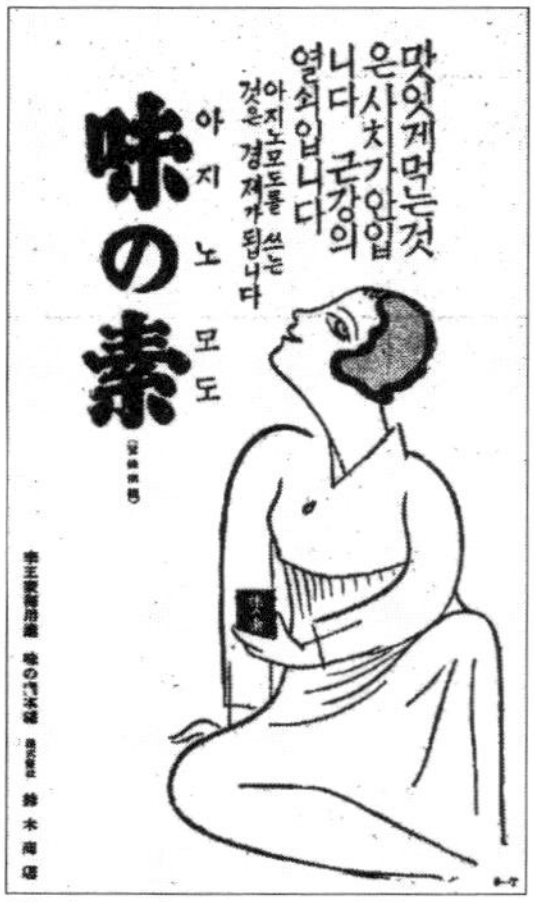

「美味しく食べることほど贅沢なものはありません」。小島功風の横顔美人の流し目が妙に色っぽい。主婦というより人妻というべきか。画家のクレジットがないのが残念である。片膝は朝鮮の女性の正式な座り方。（東亜日報1934年８月24日）

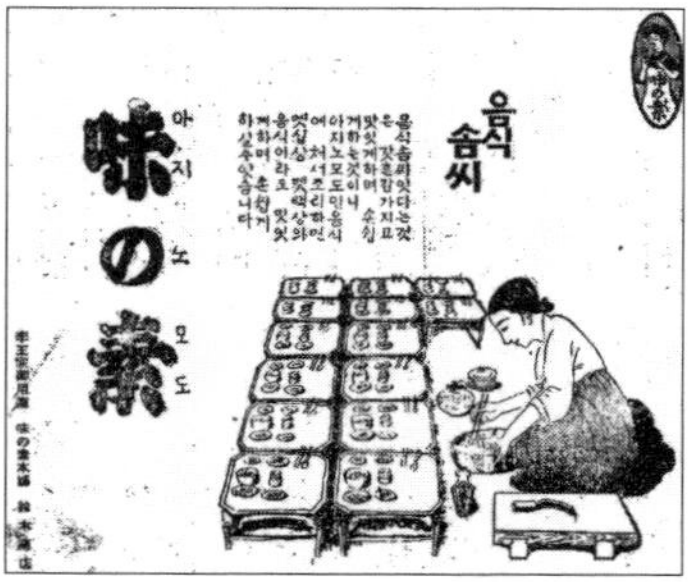

「秋夕（チュソク）は料理の腕の見せどころ」。秋夕は日本でいうところのお盆とお彼岸を合わせたような行事。新酒と松葉餅をご先祖様にお供えし、家族はごちそうでお祝いします。誰が文化を奪ったって？（東亜日報1929年10月30日）

冷麺100年の味の歴史

スープまで飲み干したくなるあの風味の秘密は、伝統と化学の合作にあり

日本でもこんなスタイルの出前持ちはもう見なくなって久しい。冷麺もデリバリーもあったのだろうか。「原料は小麦」とあるのは、一時期、「『味の素』は蛇の肉から作られる」という風評被害に苦慮したためと思われる。（東亜日報1928年6月日付未詳）

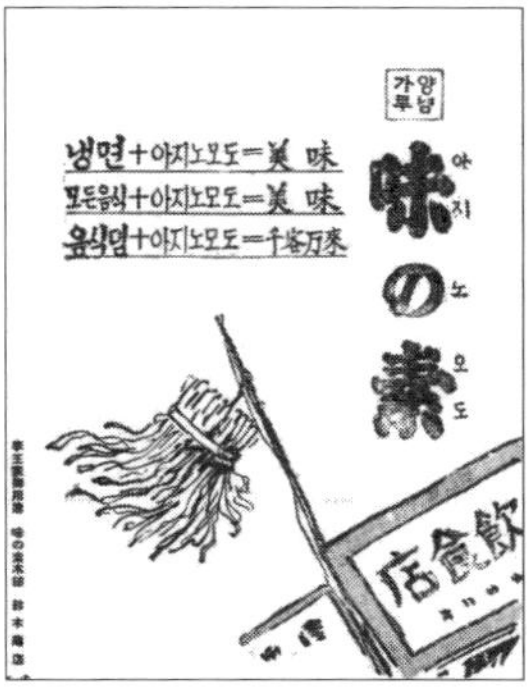

紙の吹き流しは冷麺屋の印。「味の素」が変えたのは家庭の味だけではない、街の味の代表格・冷麺も。「（調味料なしの）本来の冷麺の味を知っているのは100歳以上のお年寄りだけ」という言葉があるくらいに、冷麺＝MSG風味は常識になっている。広告は1930年代のもの。

「百倍も美味しくなる」はちと大袈裟か。「日英米特許」「池田理学博士」とある。広告としては初期のものらしく、「李王家御用達」でなく「宮内省御用品」。当時はまだ邦人向けだったのだろう。（東亜日報1928年4月30日）

「おー、この味」という感じの表情がよく出ている。ハングル表記にも音引き（ー）が。（東亜日報1930年ごろ）

半島「コスメ」事始め

100年前に始まった綺麗の道

双子美女マークのクラブ化粧品も併合時に進出

クラブ化粧品の双子美女マークは、高畠華宵《たかばたけかしょう》デザインの中将湯お姫様マークと並んで、大正ロマンの香り漂う二大名意匠であると思う。大正ロマンとはいったが、クラブ化粧品（クラブコスメティックス）の前身である神戸の中山太陽堂が双子マークをつけた「クラブ洗粉」を大ヒットさせるのが１９０６年（明治39年）、津村順天堂（現ツムラ）のお姫様マークのデビューが１９１１年（明治44年）だから、ともに明治生まれで、双子のほうが若干お姉さんということになる。

肝心の双子マークをデザインしたのは誰なのかは不明であるが、基本となるイメージは、創業者である中山太一によるものだ。「２人分美人になれます」といったところだろうか。

中山太一はアイディアマンであり、自身が一級の宣伝マンでもあった。同業他社に先駆けて１９１０年（明治43年）、社内に広告部を設置。「クラブ少女音楽隊」という街宣ブラスバンドを結成し、鳴り物入りで街中を練り歩かせたり、飛行機のボディに商品名を書いて宣伝ビラを散布したり、同じく商標を描いた飛行船を飛ばすなど、ユニークな宣伝活動を展開している。また、１９２２年（大正11年）には劇作家の小山内薫を顧問に迎え入れ、自社ＰＲ誌のための出版社プラトン社を設立、同社から発行した『女性』、『苦楽』はＰＲ誌の域を超えた文芸総合誌として阪神地区を中心に多くの女性の支持を得た。編集員として直木三十五や川口松太郎が参加しているほか、泉鏡花、谷崎潤一郎、与謝野晶子ら、そうそうたる文人が寄稿しているというのも驚きだ。

「商品に偽りなきものは最後の勝利者なり」を信条とした太一をひとことでいえば、実直の人。クラブ化粧品は、

クラブ石鹸。当時をしのばせる独特の書体が今みると新鮮。「日本人（この場合、半島人も含む）に合った成分」とある。（「東亜日報」1928年11月13日）

クラブクリーム。「皇后宮職御用品」。鉄道の路面図に模して化粧の順序を紹介するという小技も効いている。（「東亜日報」1928年11月4日）

クラブ白粉。「純無鉛」。それまでの白粉には鉛が含有されていたが、中山太一は天然植物性にこだわった。「舶来品を凌駕する最良国産品」。（「東亜日報」1928年11月16日）

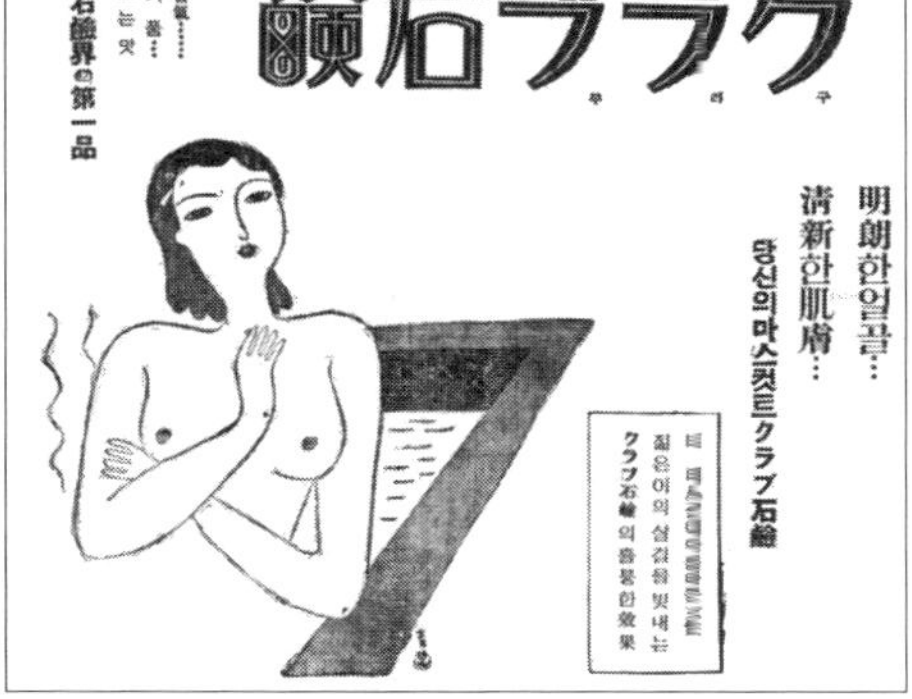

クラブ石鹸。「石鹸界の第一品」。当時の広告には頻繁に裸婦が登場する。（「東亜日報」1930年4月日付未詳）

併合と時をほぼ同じくして半島に進出するが、白いチョゴリ姿の女性をシンプルに描いた一連の新聞広告シリーズにも、彼のその実直な性格が表れているように思えてならない。優美ではあるが過美には走らず、なによりも押しつけであってはならない、朝鮮女性には朝鮮女性に合った美容法があるはずだ、という信念である。

当初、クラブ石鹸やクラブクリームの愛用者は妓生《キーセン》だったが、1920年代になって「新女性」のムーブメントとともに、新式の化粧法が浸透していくにつれ、日本製の化粧品が市場を席捲《せっけん》し始めたという。

半島で人気を二分「東のレート、西のクラブ」

このころ、クラブ化粧品と並んで、朝鮮女性の間で人気を二分していたのは、平尾聚泉《しゅうせん》のレート化粧料である。平尾は「ダイヤモンド歯磨き」のヒットで知られる「平尾賛平商会」の2代目で、後年は父の名を継いで2代目・平尾賛平を名乗ることが多かった（聚泉は、古銭コレクターとしての号）。歌手・作曲家の平尾昌晃は聚泉の孫にあたる。

1918年（大正7年）、白粉とクリームをセットにした「レートメリー」を発売、一世を風靡《ふうび》する。以後、同社の化粧品シリーズは「レート化粧料」（LAIT TOILLET）として知られ、「東のレート、西のクラブ」と並び称されるようになった。LAITはミルクを意味するフランス語だが、発音は「レ」、カフェ・オ・レの「レ」である。どういう理由で英語風読みの「レート」になってしまったかはさだかではない。

平尾もかなり広告に力を入れた人で、新聞広告や繁華街の大型広告塔などに高度な技術と品質を謳《うた》い、デパートなどに進出して人気を博した。併合時代の絵葉書などで、京城の中心街にひときわ目立つ「レートクレーム」の広告塔は、平尾聚泉の面目躍如といったところだろう。クリーム（CREAM）でなく、クレーム（CREAM）なのは、フランス語に拘った結果なのだろうが、ならなおさら、LAIT＝レートが気にかかる。ちなみにTOILETTE（トワレット）は「化粧」。現在も存続するクラブとは違い、レートは戦後解散するが、LAIT TOILETTEの商標からか、便器を作っていた会社と勘違いされることもあったようだ。

そのほか内地ブランドの化粧品では、ホーカー液の堀越嘉太郎商会、オリヂナル香水の藤井肇商会などが、半島女性の寵《ちょう》を争っていた。

1930年代に入ると、エレナ化粧品、グリム、ジェ

クラブ化粧品のシンボル、双子美女マーク。何度かのマイナーチェンジの末、現在に受け継がれている。「湯屋（銭湯）の前を通るとクラブ洗粉の匂いがする」といわれた。

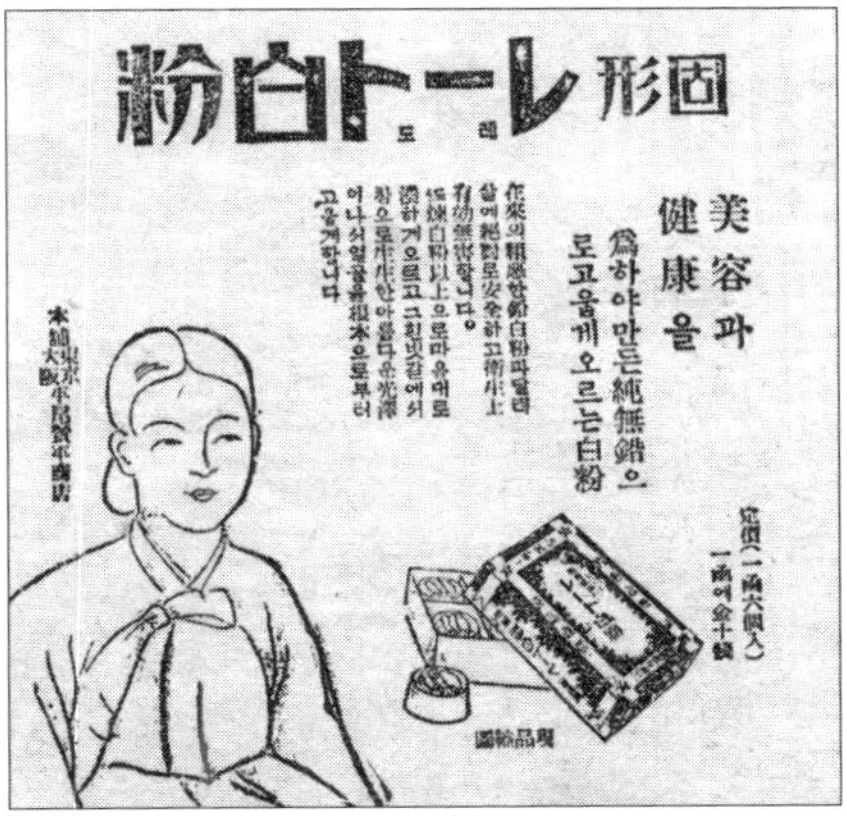

クラブ化粧品を意識してか、レートの広告にもチョゴリ姿の女性が登場。平尾商会は、朝鮮や台湾では試給品を配って需要を喚起した。（「東亜日報」1928年11月9日）

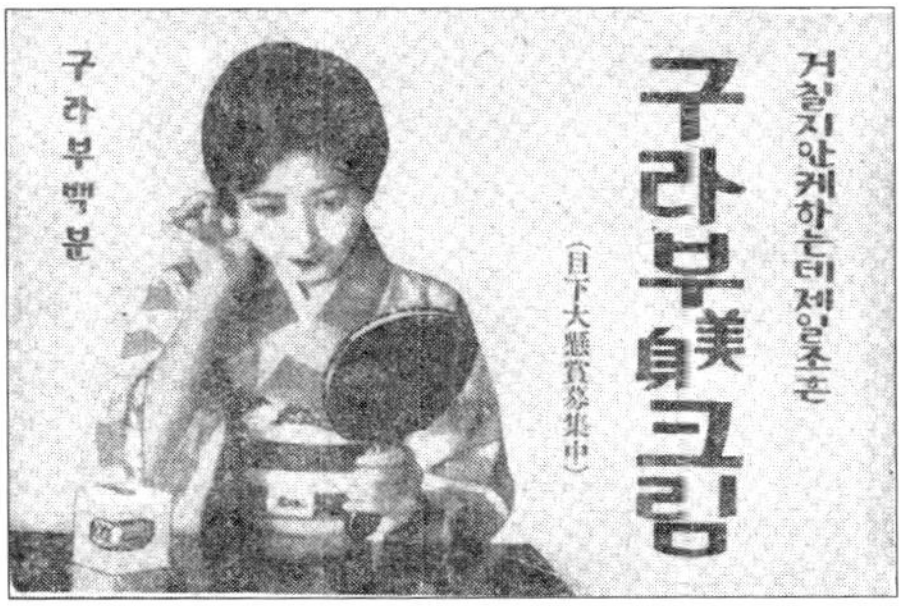

クラブクリーム。ハングルに和服美女、不思議と違和感がない。「目下大懸賞募集中」。はて、どんなものが当たったのだろう？（「東亜日報」1931年7月日付未詳）

京城のランドマークでもあった「レートクレーム」の広告塔。画面左に丁子屋デパートの建物も見える。

ツトクリームといった朝鮮資本の化粧品も現れたものの、原料供給の制約や家内手工業レベルの技術、物量では、上記内地メーカーを脅かす存在には到底なりえなかった。とりわけ不利にあったのは化粧瓶で、内地メーカー各社がそれぞれ凝ったデザイン、製法の瓶で人気を博していたのに対し、半島メーカーは技術的にもコスト的にも瓶にまで趣向を凝らすことはできず、大きな樽《たる》に自社クリームを入れて販売員が持ち歩き、量り売りするという販売体制をとらざるをえなかった。それでも商売が成り立っていたということは、いかに女性にとって美が大きな関心事であり、化粧品が必需品であるかを物語っている。

オリヂナル社は口中清涼剤カオール（川端康成『伊豆の踊子』にも登場する）で有名。近年は、ももの花ハンドクリームがロングヒット。（「東亜日報」1924年10月14日）

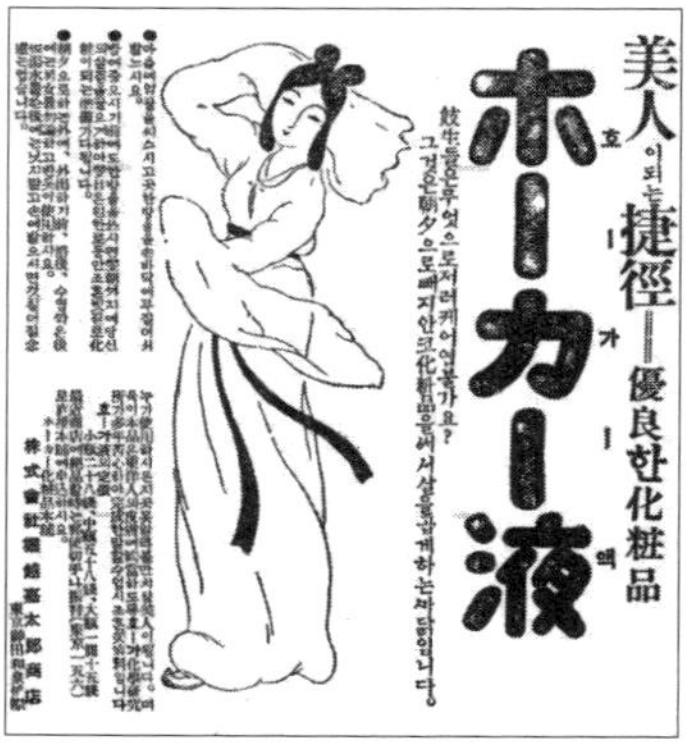

開発者・堀越嘉太郎のホ（堀越）とカ（嘉太郎）から命名して「ホーカー液」だって。今でいう美白化粧品の元祖。（「東亜日報」1928年5月8日）

和装とチョゴリ姿の女性が並んでいるイラストがいい。桃谷順天館は「明色」のブランドで今も健在。「美顔」は同社の商標だそうだ。（「東亜日報」1929年10月10日）

ウテナは花の萼（がく/うてな）のこと。掌（うてな）にも通ずる。女性の美を支えるの意味があるそうである。男性化粧品でも有名。（「東亜日報」1933年6月28日）

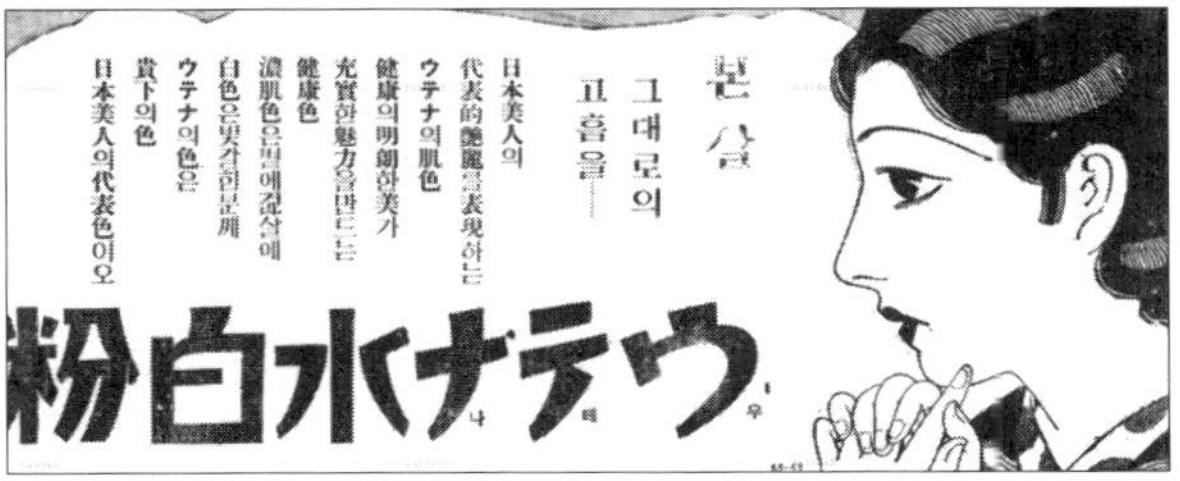

「男女毛深い方へ」「つけるとれる玉の肌となる珍しい良薬」。う〜〜〜ん、なんと表現していいのだろう、このインパクト。（「朝鮮日報」1940年6月3日）

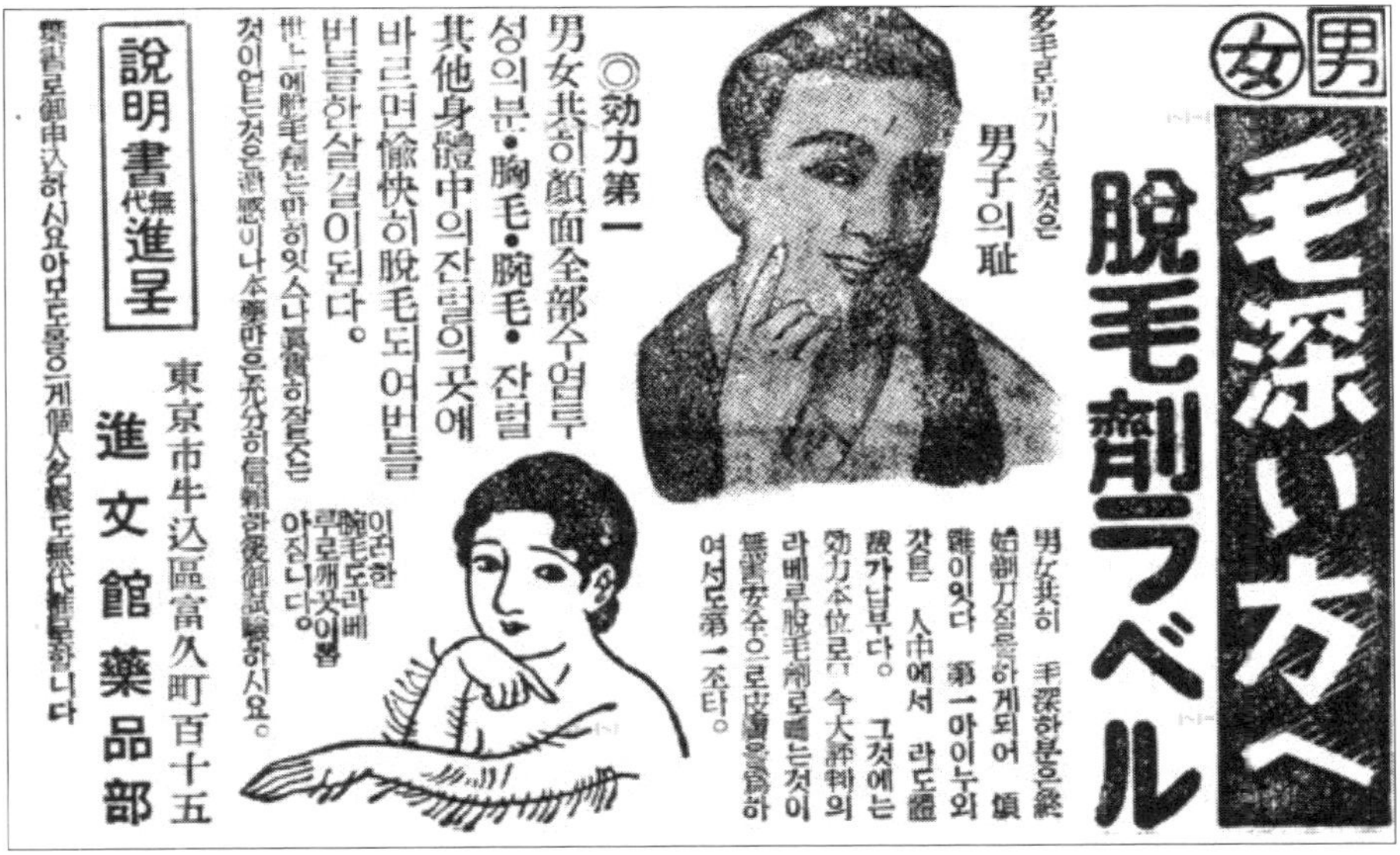

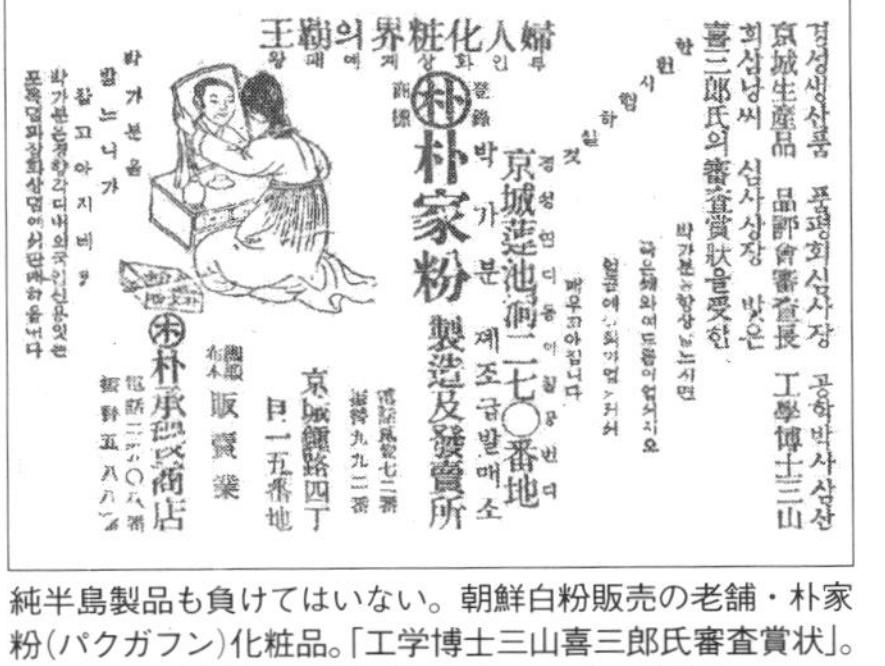

純半島製品も負けてはいない。朝鮮白粉販売の老舗・朴家粉（パクガフン）化粧品。「工学博士三山喜三郎氏審査賞状」。なぜに、工学博士？（「東亜日報」1925年4月7日）

これも純半島製品。朴家が鉛含有問題で敬遠されるようになったことを受けてか、無鉛を謳った「明月白粉」。（「東亜日報」1926年1月日付未詳）

幻の「タバコ・カード」と朝鮮専売局奮戦記

無学文盲をなくせ！　初代東京都知事が考えたグッド・アイディアとは

朝鮮人民の信頼を集めた宇垣一成と安井誠一郎

初代・寺内正毅《まさたけ》から第9代・阿部信行《のぶゆき》まで朝鮮総督は8人（斎藤実《まこと》が3代、5代を歴任）いたが、このうちもっとも朝鮮人民の信頼を集めた統治者は誰だったか。筆者は、朝鮮における農山漁村振興運動の推進者である第6代総督・宇垣一成《かずしげ》（陸軍大将）の名を迷わず挙げたいと思う。

その宇垣の片腕ともいえる人物が、のちに初代東京都知事となる安井誠一郎であった。安井は同郷の宇垣に乞われ、彼の総督就任に合わせて秘書官として渡朝、朝鮮では専売局長、京畿道《キョンギド》知事などを歴任している。

安井が朝鮮専売局長時代のこんなエピソードを記している。

《朝鮮専売局では「ピジョン」というたばこを造ったりしていたが、私はこれらのたばこの箱に、朝鮮の文化、歴史、民族の風習などを記したカードを入れて売ることを思いついた。これによって、教育度の低い朝鮮人の社会教育にもなるし売り上げも増加するだろうと考えたわけである。ところが、これを知った総督は「たばこのように健康に害のあるものを、そんなに宣伝して売る必要もなかろうに」と皮肉をいわれて弱った。こんなこともいまは懐かしい思い出のひとつである。》（安井誠一郎『私の履歴書5』日本経済新聞社）

今でいうトレーディング・カードである。同時期、アメリカではタバコメーカー各社がベースボール・カード（野球選手の絵や写真をカードにしたもの）入りのタバコを売り出していたが、おそらくはそこからヒントを得たのだろう。

この安井の回顧からもわかるとおり、総督府が統治のために朝鮮人から文化や言語を奪ったなどというのは、まったくのデマである。むしろ、当時の朝鮮の下層民は今日の糧の心配だけで精一杯で、自分たちの伝統文化や民族の歴史など顧《かえり》みることなどなかった。宇垣総督の時代になってようやく、彼らにもその余裕が生まれつつあった、と読むのが妥当ではないか。

安井の提案に対する宇垣総督の答えが面白い。安井の専売局長就任は1933年（昭和8年）から1935年（昭和10年）であるが、そんな昔からすでに、タバコの健康被害が語られていたというのはちょっと意外である。

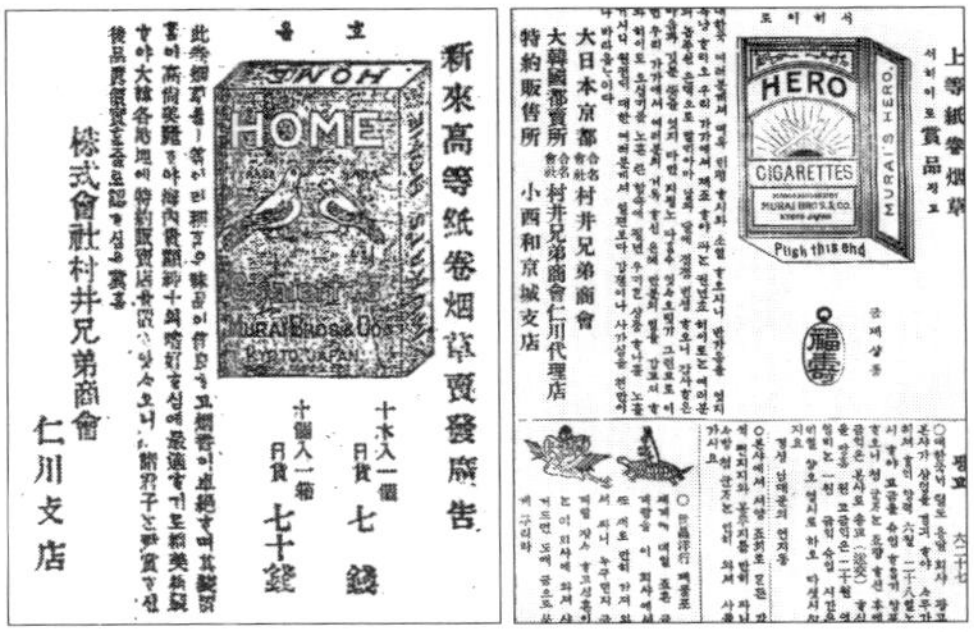

朝鮮の最古の巻きタバコの広告は1890年の世昌洋行のもの。同社は、村井兄弟商会を通して「ヒーロー」「ホーム」という銘柄の日本タバコを輸入していた。これは朝鮮の絵入り広告の第1号だともいわれている。

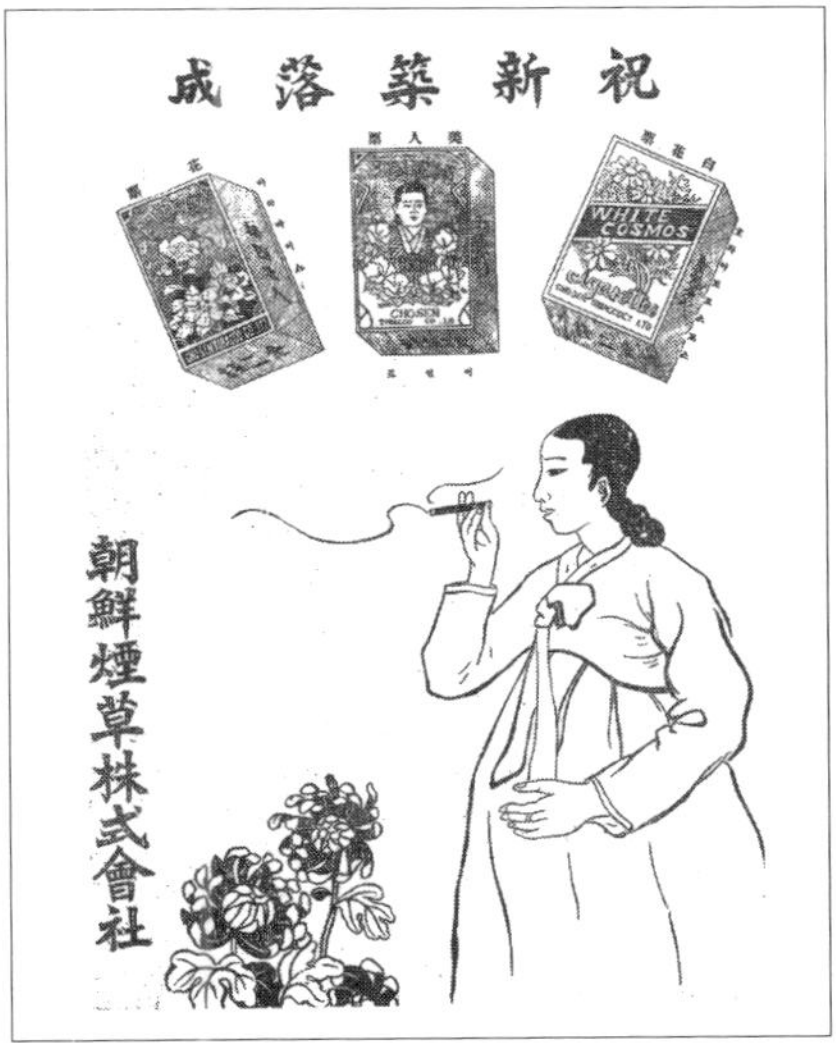

「ホワイト・コスモス（白華票）」「パラダイス（花票）」「チャン・ヒャン（美人票）」という3種の女性向けタバコ3種。チョゴリ姿の女性が巻きタバコを吹かす絵は当時、かなり衝撃的だったらしい。妊婦のようにも見えるが。（「毎日新報」1914年3月10日）

「破天荒・巻煙草 雉票・売出・斯界・震動」。巻きタバコの登場がいかに新鮮だったかがわかる。票とはタバコのことらしい。雉のマークの「SPORT」。東洋煙草商会製とある。朝鮮でタバコが専売品になるのは1921年から。（「毎日新報」1914年3月4日）

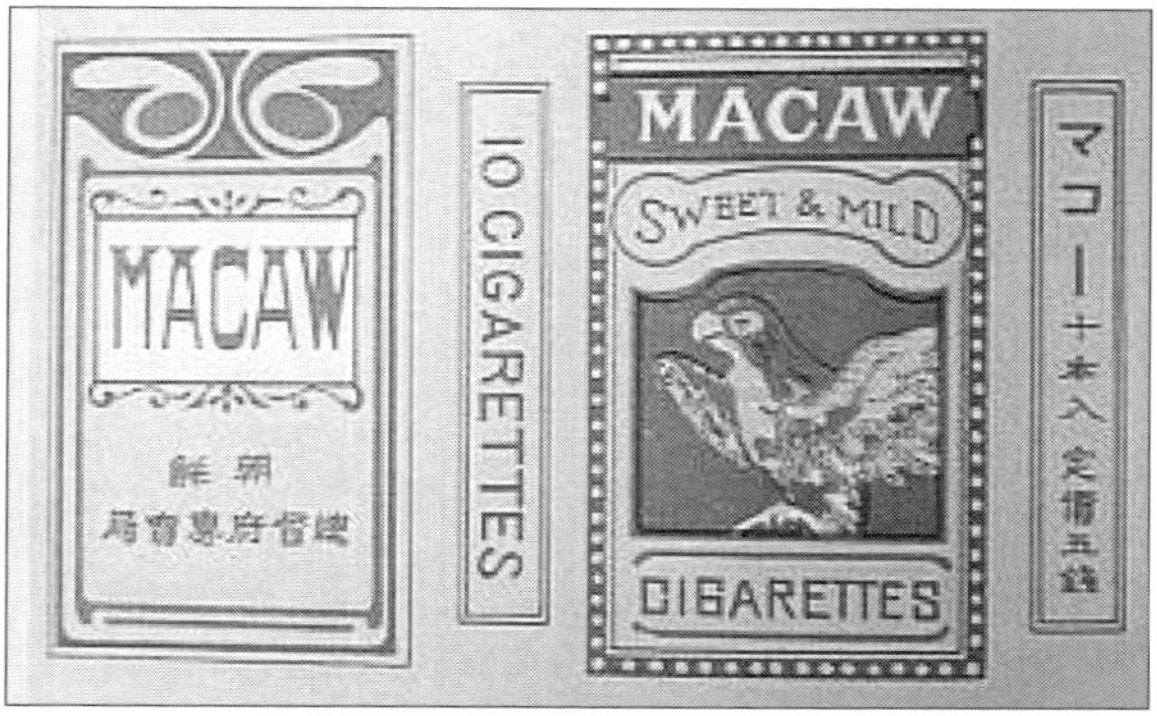

Macawはコンゴウインコのこと。ほんのりと桜色したパッケージが美しい。朝鮮人孤児が貯金をはたいて出兵する兵隊さんにタバコを贈ったという“実話”にもとづいた愛国美談『感激物語・愛国のマコー』（松田栄治）なる読み物もあった。

カイダは「海駝」のことで、カイチとも呼ばれる中国由来の架空の動物。朝鮮では一般に「海駝」をそのまま朝鮮読みで「ヘチ」あるいは「ヘテ」と呼ぶ。物事の真贋を見抜く能力があるとされ、置物は魔除けに使われる。1921年発売開始。

ソウルの景福宮光化門に置かれたヘチ（海駝）。

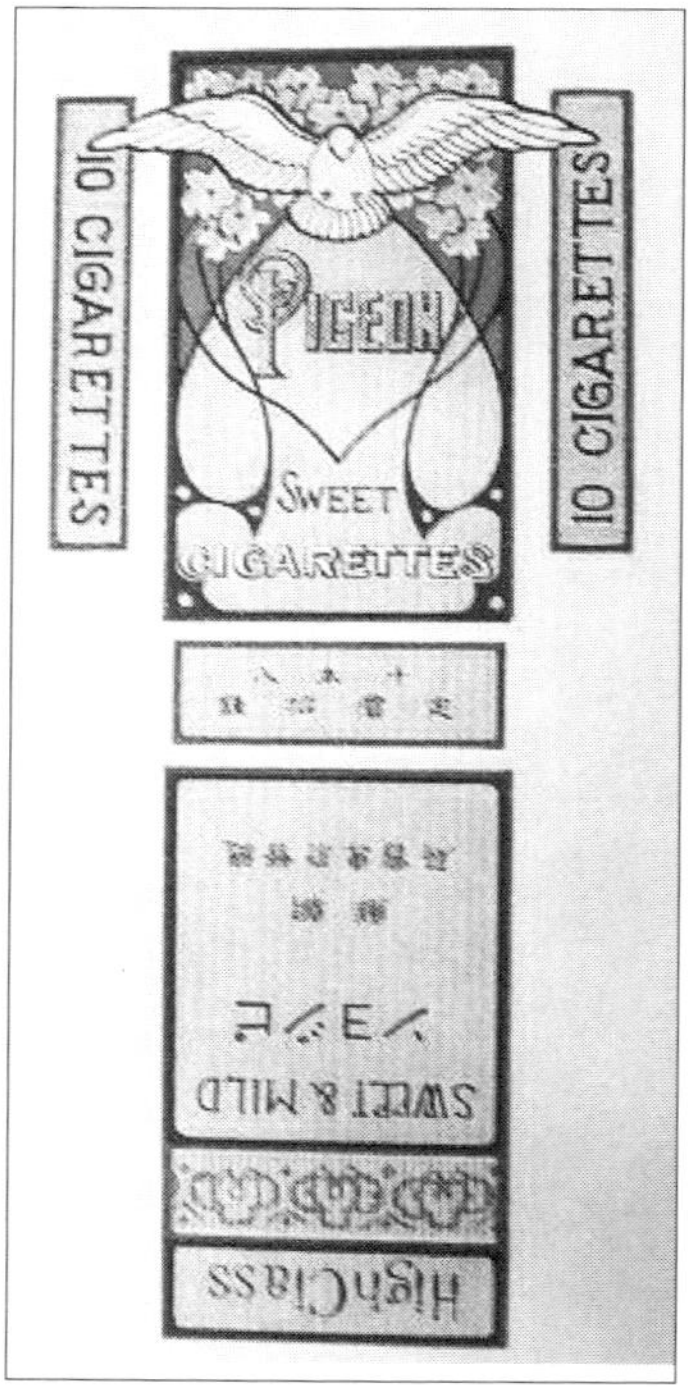

専売局の主力商品でロングセラーだった「ピジョン」のパッケージ。アール・ヌーヴォー風な模様の中に鳩がデザインされている。安井はこの箱にカードを入れようと思いついた。

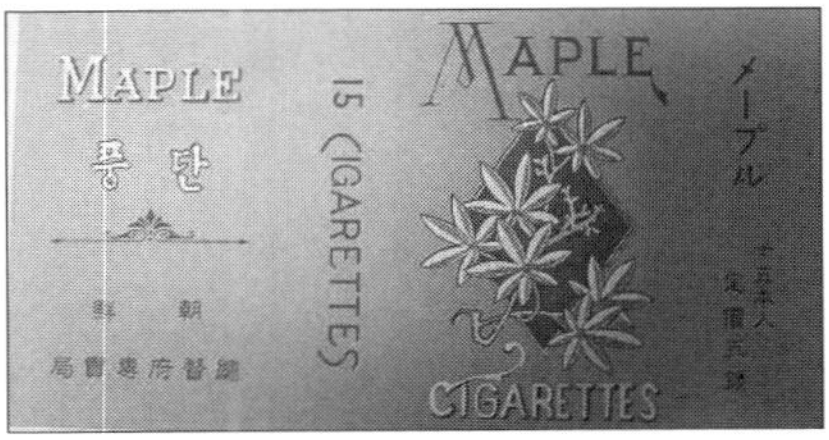

15本入りという変則的な本数のメープル（楓）。ひと箱5銭はお買い得？　パッケージのデザイン性もピジョンやマコーに比べるとやや劣る。

少し遅れて20本入りも登場した。パッケージの絵を見ると、メロンというよりも瓜（ウリ）のようである。フルーツ（メロン）のフレバーつき？

「かちどき」。名称、デザイン的にも戦時色が濃くなった。同一銘柄で、戦車（陸軍）、軍艦（海軍）、水上複葉機などの絵柄のバージョン違いあり。慰問タバコとしても使われた。

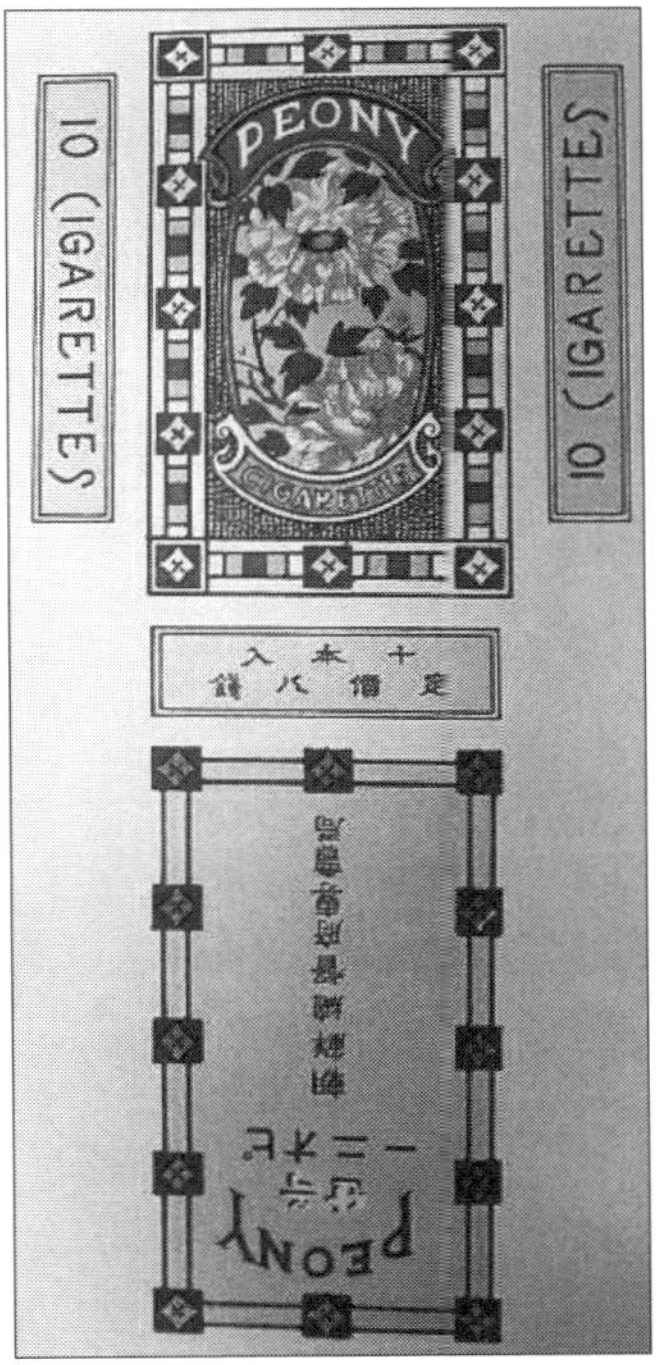

Peonyはシャクヤク、あるいは牡丹である。このころはまだ横文字の銘柄が主流のようだ。10本入り5銭のマコーに対してこちらは8銭。やや高級志向といったところだろうか。

高麗にんじんはそのままでも、あるいはさまざまな加工品となって内地あるいは中支、満州に輸出され、貴重な外貨を朝鮮にもたらした。これのどこが搾取なのか。内地の代理店は三井物産である。（「朝日新聞」1930年5月日付未詳）

「人蔘コーヒー」店内用ポスター。さてどんな味がするのだろう。「文化生活にはなくてはならぬ美味と滋養に富む珈琲を!!」。文化生活というフレーズには、ナウい、とか、ススんでる、とか、COOLとか、要するにそういう響きがあったのだろう。

「チョコ」っとだけなら媚薬

チョコレートは併合時代のモボ・モガの恋の小道具だった？　ほろ苦くも甘い誘惑の物語

「チョコレートは活動のガソリン」

蔚山《ウルサン》大学のソ・レソプ准教授によると、朝鮮で一般にチョコレートが親しまれるようになったのは1930年代で、やはりというか日本製（森永）だったという。

ソ教授が注目するのは、東亜日報1931年（昭和6年）11月9日に掲載された森永チョコレートの広告だ。そこには「チョコレートは、活動のガソリン」というコピーとともに子供がおもちゃの自動車にガソリン代わりのチョコレート（ココア）を注入している可愛らしいイラストが描かれている。さらに、そのコピーの横には「森永チョコレートの栄養価は鶏卵の3倍、米飯の4倍、牛肉の7倍半です」という一文が添えられているという。なんとも大雑把な比較だが、ここでいう栄養価とは単純にカロリーを意味しているのだろう。

またチョコレートに一種の媚薬《びやく》効果があると考えられていたとソ教授はいう。エロ・グロ・ナンセンスの風潮に後押しされた当時の流行小説にそれを見ることができるとしている。

たとえば、『興行物天使』（1931年）という小説には、「チョコレートで化粧した」というフレーズが出てくるという。つまり、チョコレートを食べた女の甘い吐息が、唇が、男たちを惑わし奮い立たせる媚薬として作用するのである。また、チョコレートの、あのべたべたした感じは性的な暗喩《あんゆ》として通俗小説の中にたびたび使われたそうだ。

《当時のチョコレートは、最も「モダンなお菓子」として紹介され、「愛をとる餌《えさ》」として使われた。西欧から輸入されたカキ氷、チョコレート、コーヒー、ビールなどは感覚的快楽を満たすための嗜好品にとどまらず、階層的地位を飛び越え、恋愛に成功するための手段となった。西欧から輸入された新しい流行に敏感であった新女

「恋すれば」。男女の恋を取り持つのはチョコレート。ラブレターを書いているところだろうか。あまり若者には見えないが。(「朝鮮日報」1927年3月17日)

子供がガソリン代わりにチョコレートを自動車に給油している。高カロリーのチョコレートは遭難時の非常食として登山者も携帯するという。(「東亜日報」1931年11月9日)

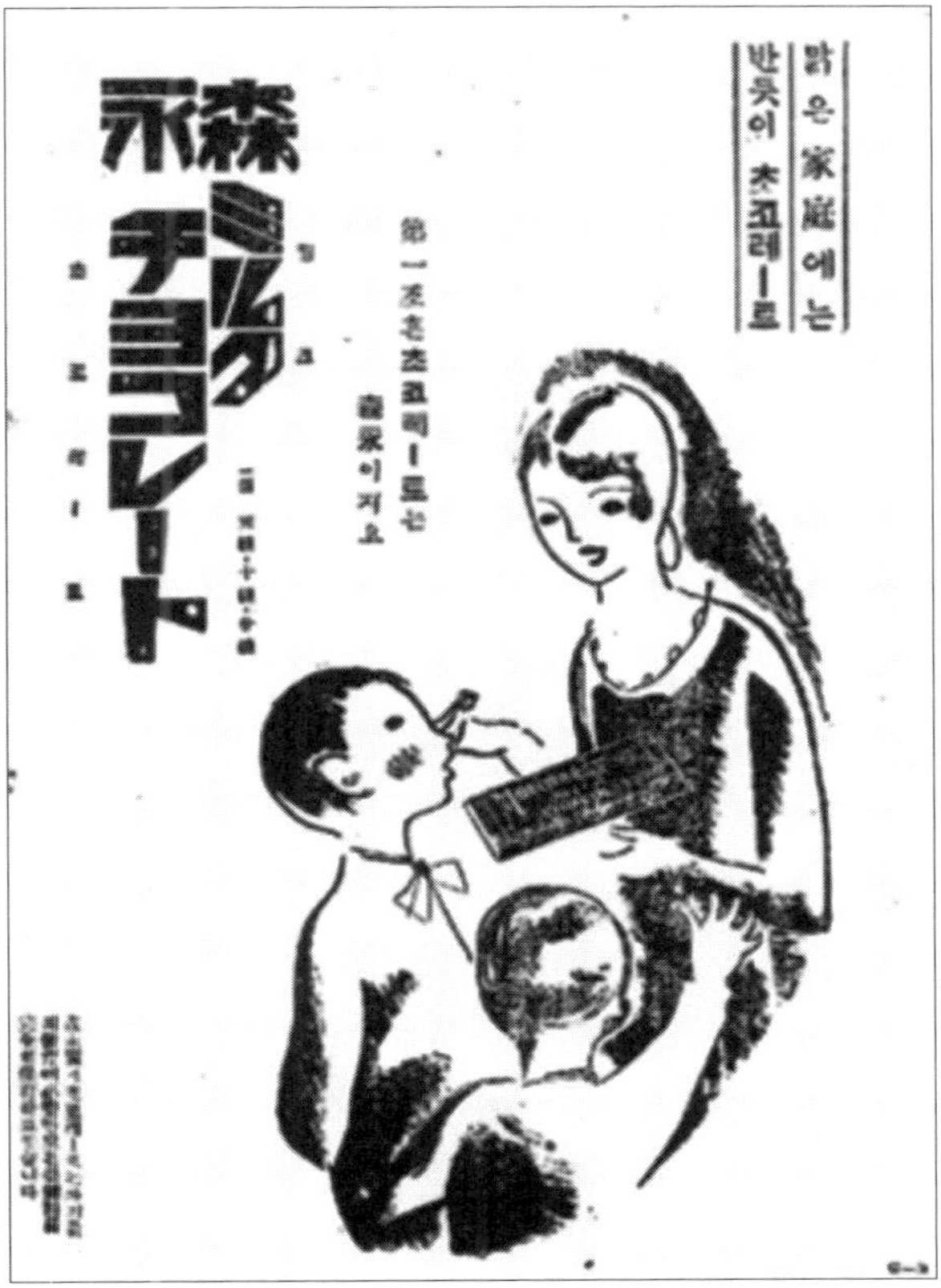

「冬の季節の保健と熱量の補給に」「血行を善くし元気は旺盛」「豊富な熱量の源泉」。チョコレートが栄養補助食品として認知されていたことがよくわかる。(「毎日新報」1929年11月29日)

聖家族。やさしいママとチョコレート。子供のおやつとしてはまだまだぜいたく品だった。(「東亜日報」1930年12月3日)

性（モダンガール）にとって「活動写真、パーマネント、口紅」そして「チョコレート」は最先端の流行を象徴するものだった。》（ソ・レソプ「チョコレートは近代の匂いがする」『新東亜』２０１４年5月号）

　この時代、プレイボーイはシガレットを、プレイガールはチョコレートをもてあそびつつラブ・アフェアの小道具に仕立てあげていったというところか。まだまだ、チョコレートは子供のおやつとしては高嶺《たかね》の花だったのかもしれない。なんといっても、中世では貴族の婦人の飲み物（板チョコはまだなかった）だったのである。しかも、閨《ねや》で飲むのがたしなみとされたというから、やはりどこか官能的な香りがまつわりついてくる。

韓国のバレンタインのルーツは？

　チョコレートと男女とくれば、誰でもまず思い浮かぶのは、聖バレンタイン・デーである。女性が男性にチョコを贈るスタイルは日本独特のもので、もともと神戸のモロゾフ製菓が１９３６年（昭和11年）英字新聞The Japan Advertiser紙（2月12日）に「あなたのバレンタイン（愛しい人）にチョコレートを贈りましょう」という広告を出したのが始まりとされている。

　さて、この日本式バレンタイン・デー、最近では韓国でも若者たちの間で流行っているという。あれだけ日本を嫌い嫌いといいながら、日本のものを模倣することにはまったく頓着《とんちゃく》はないのである。

　むろん、こういった風潮を軽佻《けいちょう》浮薄《ふはく》と断じるインテリも多い。2月14日は、伊藤博文を殺したテロリスト・安《アン》重根《ジュングン》が裁判で死刑をいいわたされた日（１９１０年）であることから、「バレンタイン・デーは、日帝が自分たちの蛮行を隠すために韓国に広めた」という突飛な持論を展開する韓国メディアもあったが、いくらなんでもこれは強引だろう。

　実は今回、面白い広告を見つけた。不老草キャラメルという純半島系のお菓子メーカーが出している１９３３年（昭和8年）の新聞広告である。「春節（小正月）には親しい人にキャラメルやチョコを贈りましょう」というキャンペーンを張っている。韓国では新暦の正月よりも春節を重んじ、春節の3日間は祝日である。春節は移動日だが、通常、1月27日から2月20日の間の数日がこれにあたる。バレンタイン・デーとかぶるわけだ。

　日本式バレンタイン・デーがお菓子屋の広告で始まったのなら、ひょっとして、韓国のバレンタイン・デーのルーツは不老草キャラメルの広告にあるのかもしれない、そんなことをふと考えてみた。

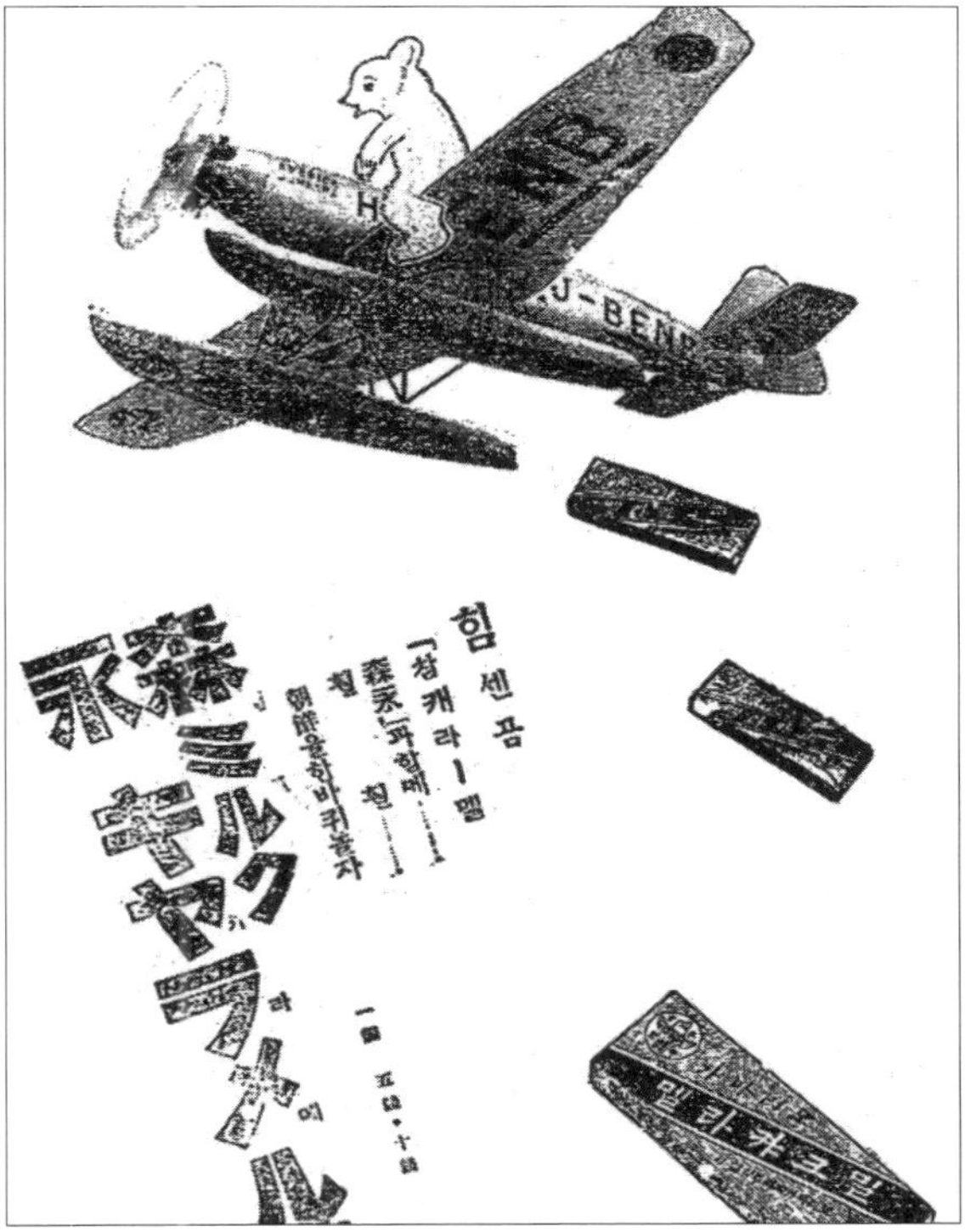

「力強いクマちゃんチームが森永キャラメルと一緒に朝鮮をルンルルン一回り」。総じてチョコレートに比べてキャラメルの広告は対象年齢が低いようだ。(「朝鮮日報」1931年4月9日)

桜の樹の下で男女がたたすんでいる。のどかな雰囲気である。花見も併合時代に朝鮮に伝わった。(「東亜E報」1931年3月24日)

遠足のおやつに森永のキャラメルを。近年、韓国では、遠足は日帝残滓だといって学校行事から取り外そうと主張する識者もいるとか。なんだかなあ。(「朝鮮日報」1936年9月日付未詳)

「春節にはお菓子を贈りましょう」。咸聖商会製菓は日系お菓子メーカーに対抗して誕生した純朝鮮人による製菓会社。春節にこだわるのもそれゆえか。(「東亜日報」1933年12月日付未詳)

明治チョコレート。「進歩する時代に進歩する菓子」。森永の広告にくらべると、デザイン的にもコピー的にも見劣りする。(「東亜日報」1931年5月日付未詳日)

「自動車時代」のはじまり

カー・ジェネレーションが因襲を突き破る。クルマ文化が半島の暮らしを変えた

運転手は花形商売

モータリゼーションの普及は、交通と流通に革命をもたらしただけでなく、人々のライフスタイルを大きく変えていったのはいうまでもない。もっとも大きな恩恵は、職業選択の大幅な拡大である。職業ドライバーの登場は、それまでなかった新たな雇用を生むことになったのである。

1934年（昭和9年）5月11日付の「京城日報」に「タクシー時代・京城の運転率二十七回爾余の全鮮各都市も同一傾向俄然・新規車輛需要激増」なる記事が載っている。記事によると京城のタクシー利用率は前年にくらべ10割増、つまり2倍に増えたとある。

《自動車連合会調査によると京城府内のタクシー台数は本町一三四竜山三六鐘路四五東大門一四西大門八合計二三七台であるがこの本年四月中の稼高は十六万二千円に達し一日一台平均二十三円、利用二十七回を示し最高一台四十八回の新記録をつくったものもある。（中略）この自動車需要の激増は単に京城のみに止らず、釜山、大邱、平壌等の各都市でも昨年末からその利用率は画期的に増加を示してきている。》

「一日一台平均二十三円」、これを1月、つまり30倍して、現在の金額に換算すると、タクシー1台の月の稼ぎは単純計算で100万を少し超える。記事はさらなる需要を予測するもので、タクシー業界が成長産業であることを伺わせている。

これに合わせて、シボレー、フォードなどタクシー用の高級外車も売り上げを伸ばしているという。

《しかしてこの結果、新規車輛の需要も頗《すこぶ》る旺盛となり、フォード・シボレーの夫々新車発表を繞《めぐ》って業者よりの引合は繁忙をつげ、本年度の新車消化は全鮮で例年の八百台前後から一躍一千二、三百台に躍進するものと予想

「暗黒世界から光明世界へ」。当時普通免許は満16歳から。学費132円を現在のお金に換算すると18万円弱。今よりも安いくらいだ。京城自働車講習所は朝鮮にできた最古の自動車教習所で、運転手のほか、整備士も育成した。(「東亜日報」1920年9月2日)

「大学を卒業するより自動車の運転手になろう」。当時、自家用車を持てる人は内地・半島ともに限られていたから、免許証修得者のほとんどは職業ドライバーとみていいだろう。(「東亜日報」1935年3月29日)

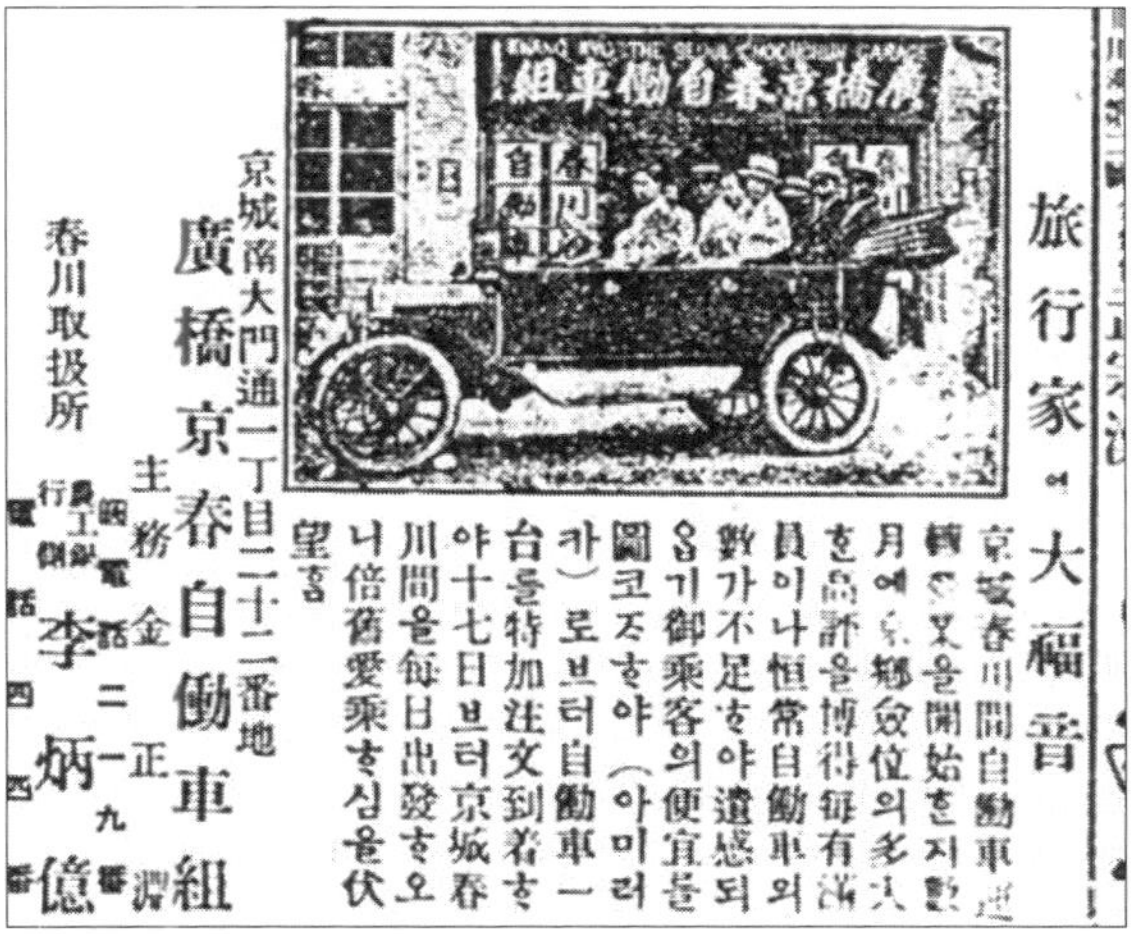

「旅行家大福音」。定期乗り合い自働車の広告。タクシーが定着する以前は、観光地ではこのような遊覧自動車で観光するのが主流だったのだろう。李炳億氏の子孫は今もソウルで観光バス業を営んでいる。(「朝鮮日報」1916年3月10日)

されている。》

当然ながら、タクシードライバーの需要も拡大している。運転手は花形商売だったのである。

モータリゼーションが「差別」の解消に？

こういった傾向は当時の新聞広告からも読み取ることができる。

「自動車運転手講義」と題した日本自動車教育会の広告（1935年）は、自動車に乗る男たちのイラストに漫画の吹き出しで、「大学を卒業するよりも自動車の運転手になれ」と語らせている。大学を出て商社に勤めるよりも手っ取り早くてよほど稼げるとでもいいたいのだろう。ちなみに当時の自動車免許修得資格は満16歳以上で普通小学校卒業程度。講習機関は2カ月間である。

これに先立つ、1920年（大正9年）の京城自動車講習所の広告はもっと切実、いや、それを通り越して、一種ただならぬムードが漂っている。

「暗黒世界から光明世界へ」「因襲的職業から解脱せよ文明的職業へ」

まるで奴隷解放運動。しいたげられた者の怨念《おんねん》の声が聞こえてきそうなコピーである。たかだか自動車の免許を取得するのに、この大仰な文句はなんなのだろうか。

これにつけて思い起こされるのは、21世紀現在のインドである。インドは今や、世界のIT産業に優秀な人材を輩出し続けている知る人ぞ知るIT先進国なのであるが、あの貧しいインドがなぜ、最先端産業のITの世界で突出した存在になれたのか——。「ITが最先端産業だったから」こそがその答えなのである。

ご承知のとおり、インドにはカーストという厳格な身分制度が存在している。職業もまたカーストによって固定され、たとえば料理人の息子は料理人、道路工夫の息子は道路工夫として一生を終えるしかない。ところが、新しい産業であるITは職業としてカースト上の区分がないのである。

だから、最下層のシュードラ（奴隷階級）にあっても、努力次第ではIT企業に就職し、その道で頭角を現すことは可能だった。と、いうよりも脱カーストを目指す人材がIT産業に集まり、鎬《しのぎ》を削った結果が今日のIT大国インドを作ったとするほうが正解か。

ひるがえって李朝時代の朝鮮を見てみれば、インドなみの苛烈《かれつ》な階級社会だったことで知られている。上から両班《ヤンバン》・中人《チュンイン》・常人《サンイン》・奴婢《ノビ》に分かれ、奴婢階級だけで多いときで全人口の4分の1におよんだ。各階級で職業が固定されているのはカーストと同じである。

靈柩自働車完成

朝鮮最初의文化的葬儀用

自働車의社會奉仕的施設

京城自働車

南大門通三丁目二六番地
京城寫眞舘自働車部

「霊柩自働車完成」「朝鮮最初の文化的葬儀用」。朝鮮は葬式文化の国である。霊柩車の登場は、これまで数日をかけるのが当たり前だった朝鮮の葬式のスタイルを変えてしまった。(「東亜日報」1922年3月10日)

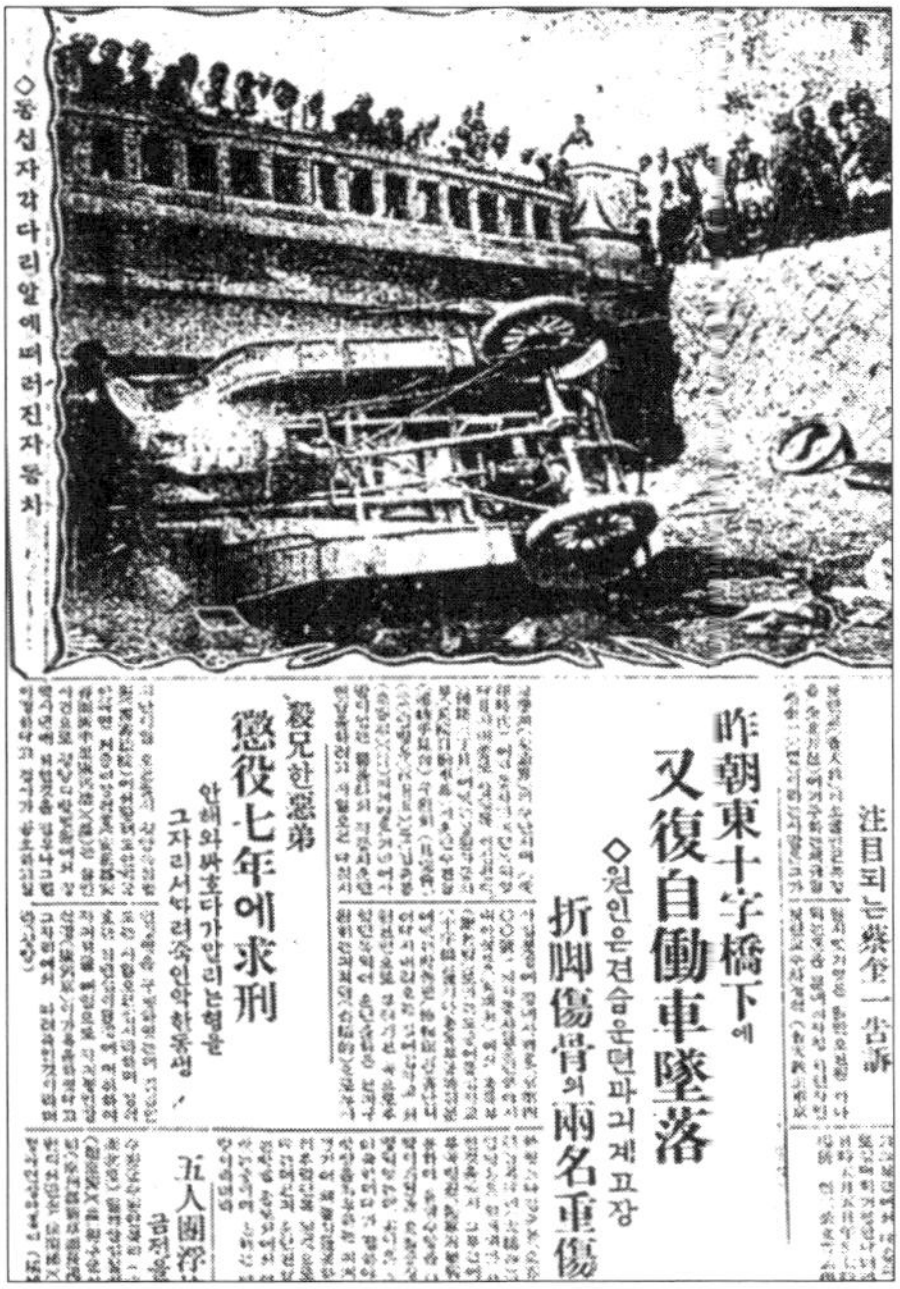
◇동십자각다리알에떠러진자동차

昨朝東十字橋下에

又復自働車墜落

◇원인은전승운던파괴계고장

折脚傷骨의兩名重傷

殺兄한惡弟

懲役七年에求刑

注目되는蔡金一告訴

五人團

当然のことながら、自動車が登場しなければ、自動車事故というものもなかった。朝鮮で記録される最古の自動車事故は、橋からの落下。(「朝鮮日報」1919年4月日付未詳)

妓生실은自働車

電車와正面衝突

昨夜暎頭에 ㅍ다公園前慘事

◇…탓든기생두명은모다무사하나…◇

運轉手는生命危篤

◇자동차와뎐차가정면충돌한현장

こちらは妓生を乗せた自動車が路面電車と衝突。運転手が危篤。当時、運転手付きの車に妓生を乗せてドライブするのがお大尽の間で流行っていた。(「朝鮮日報」1929年6月4日)

手工業、サービス業、商人、農民、芸能、巫女、僧侶、はすべて賤業に分類された。まさしく「因襲的職業」なのである。

日韓併合によって制度としての階級はなくなったが、李朝500年続いた身分差別、職業差別（そして地域差別も）は一朝一夕には解消されるものではなかった。

併合時代に生まれた「運転手」という新しい職業は、それまでの賤業のカテゴリーには入らない「文化的職業」とみられていたのだろう。肉体労働というよりも技術職と考えられていたのである。つまり、インドにおけるIT技術者に相当するものが職業ドライバーだったのだ。その意味を噛《か》みしめながら先の広告を見てみるとまた味わい深い。

ITの普及が、緩やかながらインドの脱カースト化の流れの一助となっているという。ひょっとして、朝鮮の身分制度の解消に、併合時代のモータリゼーションの波がひと役買っていたのではないだろうか。

半島のカー・ライフは併合時代に始まった

シボレー、フォード、ビュイック、日産…カー・ディーラーの広告は未来へ続く

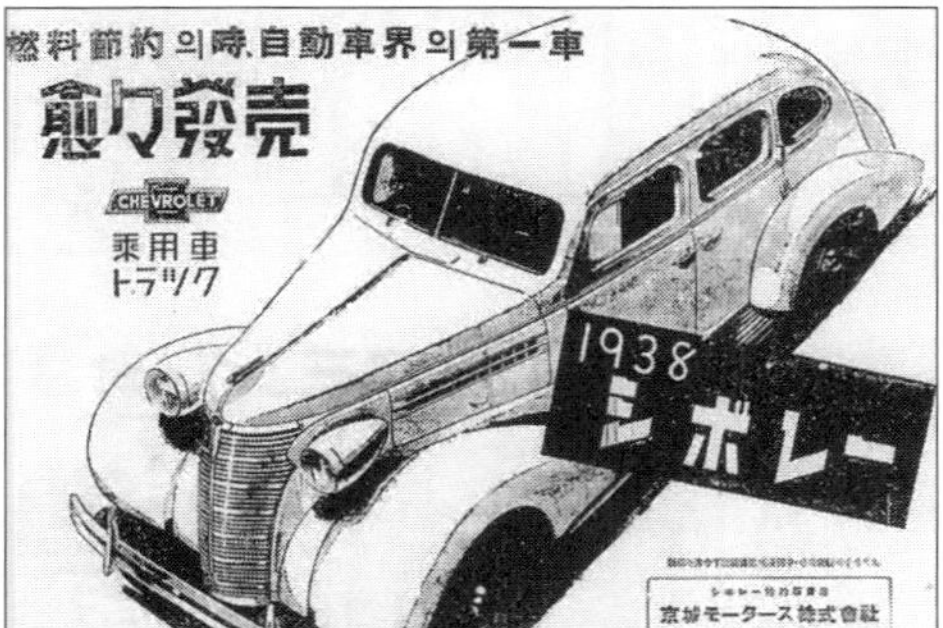

シボレー。当時から燃費は車選びの重要な要素。
（「東亜日報」1938年4月2日）

シボレー六気筒（「東亜日報」1922年3月7日）

ダットサン。日本車も負けていない。
(「東亜日報」1930年3月日付未詳)

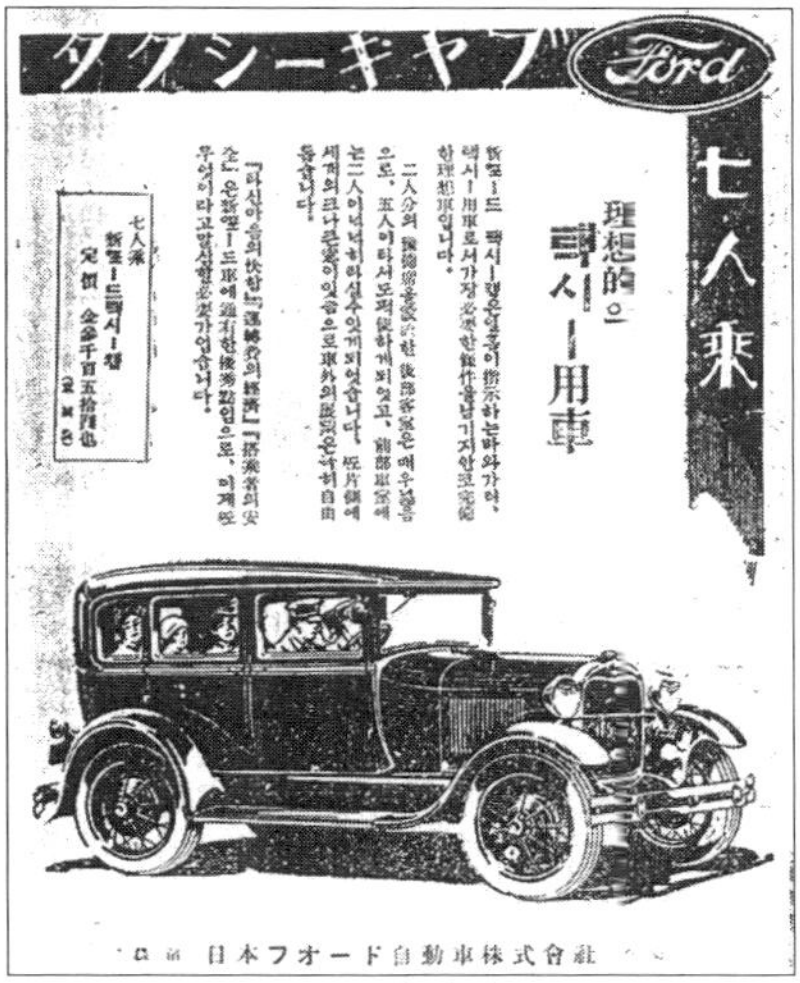

フォード・タクシーキャブ7人乗り
(「東亜日報」1923年5月9日)

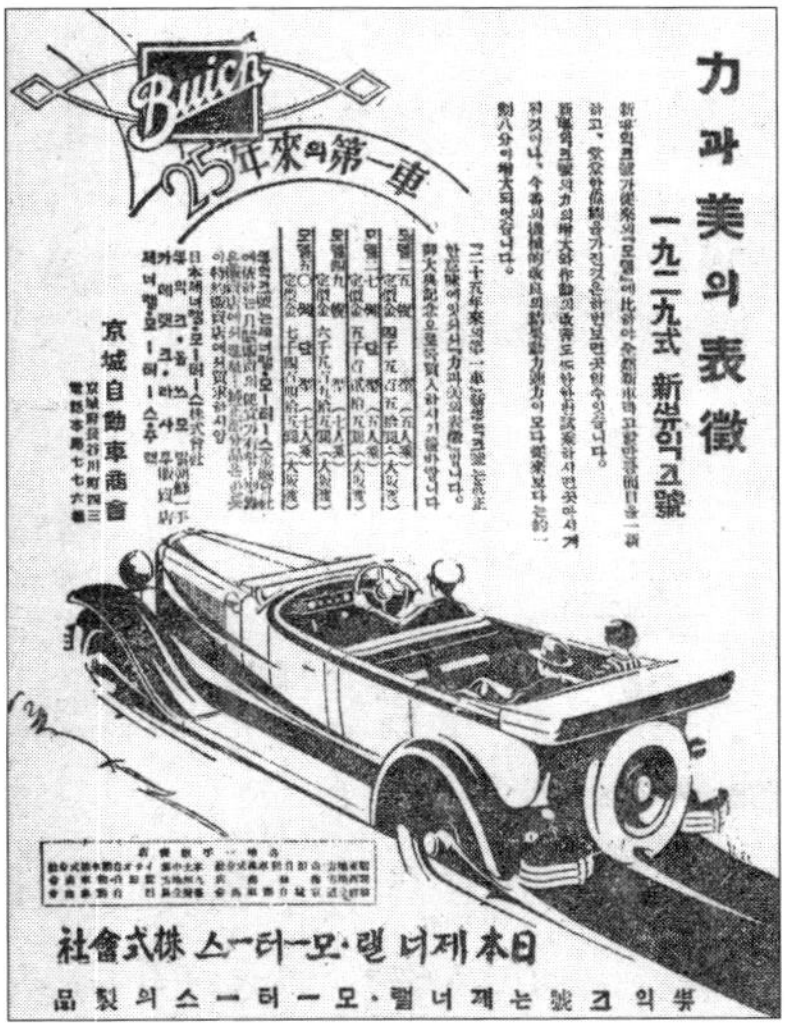

ビュイック「25年来の第一車」
(「東亜日報」1928年11月23日)

フォードV8。大衆車だって?
(「東亜日報」1937年6月11日)

「赤ちゃん万歳」

子供が元気な国はみんなが幸せである

子供の日のルーツ？

5月5日、端午の節句がなぜ「こどもの日」と呼ばれるようになったか。もしかしたら、ここに答えがあるのかもしれない。1927年（昭和2年）、この日が「乳幼児愛護デー」に制定されているのだ。全国規模のものは初だが、これに先立つ1923年（大正12年）5月、社会事業家・志賀志那人《しなと》を中心メンバーに設立された大阪児童愛護連盟の主催による「第1回大阪乳幼児愛護宣伝デー」が挙行されている。こちらが元祖である。

当時、栄養不良、先天的疾病、流感などによって、乳幼児の死亡率は大変高く、一般家庭における保健衛生や栄養学的知識も充分でなかった。そこで、乳幼児の定期診断の重要性を伝える識者の講演や育児講習会を無料で行った。また同日、「赤ん坊審査会」（今でいう、健康優良児のコンテストか？）なるイベントを近代文明の象徴である百貨店（三越）にて開催し、人気を博したという。同様のイベントは毎年5月開かれ、その結果、市民会館などの健康診断に子供を連れて行く母親も増えていき、「新生児3人に1人が死亡する」とまで言われた大阪の乳幼児死亡率が年々改善されていったという。

その成果にあやかり、全国区にしたものが、冒頭紹介した「乳幼児愛護デー」なのである。

朝鮮では、早くも翌1928年（昭和3年）5月5日、京城で「第1回乳幼児愛護デー」が開かれている。

これに呼応して、同日、朝鮮社会事業研究会と愛国婦人会朝鮮本部とが共同主催で、京城公会堂において、講演と映画を中心とした乳幼児愛護のための大会を開催している。その日、日本赤十字社朝鮮本部病院では臨時相談所を開設して、小児の保健に関する無料相談に応じるなど、京城府内の主要なところで乳幼児愛護のための事業やデモンストレーションが行われた。この催しに対して総督府は、多大の援助を与えている。

この第1回大会に積極的に参加したのは主に在半島の内地人婦人たちだったが、第2回からは事前の広報もあいまって、新しい育児に関心を示す朝鮮の「新女性」ママが多数参加し、「乳幼児愛護デー」は晴れて「乳幼児愛護週間」に拡大された。「科学的知識」を啓蒙《けいもう》する医者、当時「人工栄養」「代用乳」といわれた粉ミルクを宣伝したい乳業会社、優良乳幼児審査会や関連展覧会などで集客を望む百貨店、ラジオ放送などが協賛し、大会は一大イベントの様相を呈したという。

コメ増産計画が赤ちゃんを救った

では、肝心の半島の乳幼児死亡率はどうなったのだろう。金哲《キムチョル》著『韓国の人口と経済』（岩波書店）によれば、1925年（大正14年）の死亡率は17・5パーセント、以後、1930年（昭和5年）は15・0パーセント、1940年（昭和15年）は13・5パーセント、1945年（昭和20年）は12・5パーセントと、ちゃくちゃくと減少を見せている。ただし、この資料では、コレラ、疫痢が大発生した1919年（大正8年）、1920年（大正9年）の数値が入っていない。もしそれを加えたとしたら、グラフはかなりの急カーブを示すはずである。


乳幼児の死亡率の低下の要因は、1にも2にも近代医療の普及、そして3に栄養事情の改善があった。

総督府が作成した「食料自給表」によれば、1927年度（昭和2年度）の半島1人一日当たりの供給熱量は2300キロカロリーで、日本の同年の供給熱量2700キロカロリーを上回る。これは総督府のコメ増産計画の成果といえた。

総督府は対内地のコメ輸出で得た金で安い満州米を大量に購入し市場に流した。これによって、それまで白米を口にしたことのない小作人や下層労働者階級もどうにかコメの飯にありつけるようになったのである。結果、これは朝鮮の乳幼児の体位向上の助けとなった。母胎に栄養が行きわたってこそ、赤ちゃんの健康もあるのだ。

ちなみに2011年度（平成23年度）の日本の1人1日の供給熱量は2436キロカロリー。FAOは飢餓人口を算定する摂取カロリーを1人1日当たり2200キロカロリーとしている。現在、食料消費が1人2200キロカロリー未満の国は、朝鮮民主主義人民共和国、中央アフリカ共和国、マダガスカル、リベリア、マラウイ、カメルーン、ソマリア、など33カ国である。むろん、それらの国では乳幼児の死亡があとを絶たない。

「粉末哺乳ラクトーゲン」。「刻々肥」というコピーがどこか切実。赤ちゃんが手にしているのは、当時の哺乳瓶だろうか。形が面白い。(「東亜日報」1922年12月24日)

「理想的母乳代用品　最高の滋養品・粉末練乳ラクトーゲン」。1920年代の店内用販促ポスターと思われる。ラクトーゲンはオーストラリア製の粉ミルク。漫画『君たちはどう生きるか』で、その名を知った人も多かろう。

「母乳代用品」とは実にストレートな。ラクトーゲンの赤ちゃんが手にしていた哺乳瓶はこの型のものだろうか。星ミルク。(「東亜日報」1925年1月21日)

こちらもワシミルク。ちなみに沖縄では練乳のことを「ワシミルク」と呼ぶらしい。丸々と太った赤ちゃんの絵が神々しい。(「東亜日報」1928年6月4日)

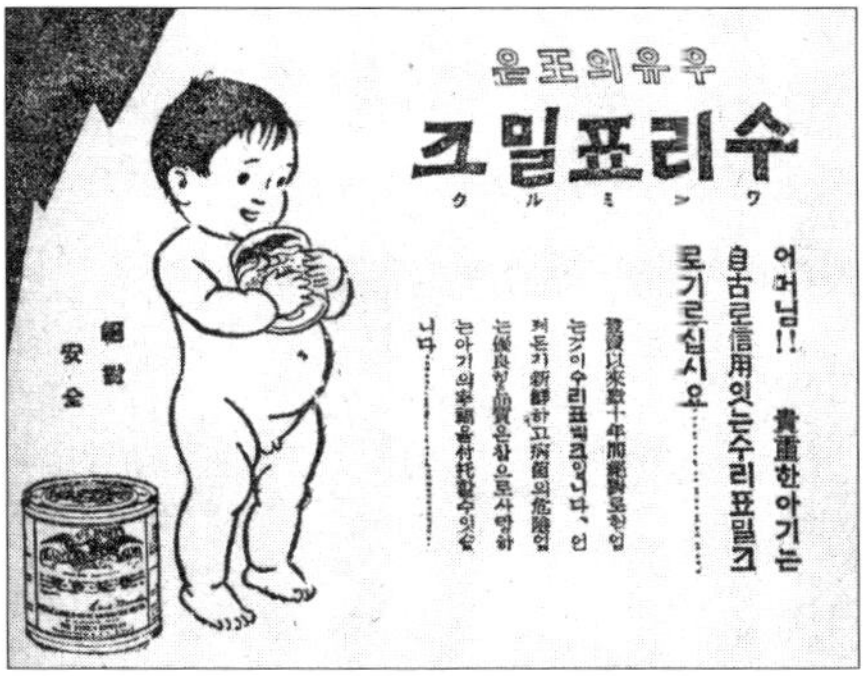

ワシミルクは、インスタントコーヒーで有名なスイス・ネスレ社の商品。EAGL MILKがなぜか和名の「ワシミルク」に。朝鮮では「スルピョ」(ワシ印)でも通っていたようだ。(「東亜日報」1928年3月日付未詳)

この森永ミルクに関しては詳細が不明。日の丸を見る限り皇民化が進んでいた時代のものに思われる。描かれている缶は明治以来の初代森永ミルクだが、エンゼルマークは1951年から使用される6代目にも見える。

「医師も認定する最良の栄養」。ヒシミルクは大阪にあった粉ミルク・メーカー。同社のポスター絵を峠三吉が描いたという記述にぶつかったが、あの原爆詩集の峠と同一人物?(「東亜日報」1928年11月日付未詳)

金線ミルクに関する情報はほとんどない。広告からわかることは三井物産が代理店だったということ。お母さんのやさしさがにじみ出るほのぼのとしたイラストだ。(「東亜日報」1928年7月日付未詳)

併合時代の「ケイコとマナブ」

立身出世から恋愛上手、催眠術まで。半島100年前の習い事・趣味・お稽古ブームとは

朝鮮語を大切にした大正天皇

大正天皇が朝鮮語を話せたというと驚く人が多い。日本が朝鮮を支配するにあたって、文化抹殺のために民族の言葉を奪ったという〝俗説〟が未《いま》だまかり通っている証左だろう。

大正天皇と朝鮮語の出会いは、皇太子（嘉仁《よしひと》親王）時代の1907年（明治40年）の朝鮮行啓に遡《さかのぼ》る。当時の朝鮮の国号は大韓帝国で、既《すで》に日本の保護国となっていた。この訪朝で李垠《イウン》王子と親しくなった嘉仁親王は、これをきっかけに朝鮮語に興味を持ち、習得に励んだようだ。

その後、垠王子は日本に留学をするが、親王は王子を実の弟のように可愛がり、たびたび会っては朝鮮語で会話をされるのを楽しみにしていたという。朝鮮語の学習は天皇に即位されてからも続いた。天皇おん自ら学ばれる言語を地上から「抹殺」しようなどと企てる輩がいたとしたら、それは総理大臣であろうと朝鮮総督（統監）であろうと、一級の不忠者と断罪されるべきだろう。

朝鮮語を抹殺するどころか、日韓合邦に合わせるように国内では、にわかに朝鮮語学習ブームまで起こっているのだ。朝日新聞1910年（明治43年）8月30日の「日韓併合と朝鮮語」と題した丸善の広告にその一端を見ることができる。ここでは『独学韓語大成』と『韓語通』という2冊の朝鮮語学習の本が紹介されている。どちらも当時のロングセラーである。

『独学韓語大成』の著者・伊藤伊吉は静岡県出身の元教師で、満州浪人ならぬ樺太《からふと》・朝鮮浪人を地でいった男。日露戦争前後をロシア、朝鮮で過ごし、朝鮮では行商人からスタートして商社を経営、のちに東洋拓殖会社に乞われて入社している。まさしく、「独学」の名に恥じぬ、市井の言語学者だ。ほかに『独学日露対話捷径《しょうけい》』などの

著書がある。

一方の『韓語通』の前間恭作は、朝鮮とも歴史的に縁の深い長崎県対馬の出身。１８９４年（明治27年）、朝鮮領事館書記生をふりだしに朝鮮総督府通訳官を務め、朝鮮古籍の膨大な蒐集で知られている。

ちなみに、日本で最初の朝鮮語の教育機関は、１９２５年（大正14年）設立の天理外国語学校朝鮮語部（現在の天理大学国際学部・韓国朝鮮専攻科）である。

英語からラブレター指南まで多彩な入門書

ということで、本項のテーマは学習である。とはいっても、決して堅苦しいものではない。本屋の棚に並んでいる『○○入門』本やら怪しげな通信教育の類を思い出してもらいたい。誰もが、一度はこの手の「学習」に手を出したことだろう。そして、多くが３日坊主、せいぜいが１カ月坊主で〝中退〟を決め込んだのではないか。そもそも、この手の「学習」ビジネス自体、世に存在する無数の３日坊主クンによって成り立っているといって過言ではないだろう。

併合時代の朝鮮にもちょっとした「学習」ブームがあったようだ。

ぱっと目を引いたのは「井上通信英語学校」の英語学習の広告。「立身出世を希望する諸君」という単純明快かつ力強いコピーが心地よい。当時、英語は「立身出世」のために習うものだったようだ。

広告中央の、黒板に英語を書く女性の左下に蓄音機を前にした坊主頭の男の子の囲み写真があるのが見えるだろうか。この蓄音機が「学習」のカギである。受講を申し込むとレコードが送られてきて、受講者はレコードに吹き込まれたネイティブ・スピーカーの英語をリピートしているうちに英語が上達するという仕組みらしい。今でいうところのＣＤ付き教則本だが、この時代（１９３８年）にすでにあったというのはちょっと驚き。

「出世」はやはりキーワードのようである。「出世の基《もと》」を謳ったのは『演説修養』。要するに、「人を惹《ひ》きつける演説」入門である。写真の、「いかにも」なオジサンがいい味を出しているが、どう見ても、大言壮語、講釈師見てきたようなナントヤラな雰囲気である。ちなみに雑誌『雄辯』は大日本雄弁会（現・講談社）が発行していた雑誌で、主に雄弁家の演説の速記を掲載していた。

「歓迎！歓迎！注文殺到！」という煽《あお》り文句は、その名も『愛の炎』というラブレター文集である。いわゆる「手紙の書き方」といった類の実用書はよくあるが、本書はラブレターに特化したもの。実在した著名人の、あるいは小説などに登場する架空の恋文の文面から、相手のハートをがっちり摑《つか》む恋文の書き方を学習しようというもの。面白いのは、男女関係のあらゆる局面に対応している点だ。求愛や恋の告白、恋人同士の睦言《むつごと》に混じって、相手から別れを切り出されたときの返信や、自殺をほのめかす手紙、「毒を飲んだあと」にしたためる文、なんていうのもある。

実際、この本を参考に、ある人妻に恋文を送った男が、相手の夫に訴えられ留置場に入ったという例があるそうで、その意味では効果は保証済みといったところだろうか。

最後に紹介するのは「東京清心研究会京城支部」の『催眠術講座』である。

「催眠術を身につけるだけで、家族関係が円満になって健康・長寿が保証され、無痛分娩も可能となり、また人心透察（人の心を見抜く）も自在」とある。話半分に読むのがよろしいかと思うが、これはこれで何となく信じたくなってしまうのは、すでに広告の催眠効果に惑わされている証拠？

『日韓合邦と朝鮮語』。「朝鮮に行け、朝鮮に行け、朝鮮は最早外国に非ざる也。未拓の美田。未知の天産。到る處に埋もれたる国富は有為なる日本人諸君の来るを待てり」。いい気なものである。（「東京朝日新聞」1910年8月30日）

『撞球指南』。「撞球」とはビリヤードのこと。著者の玉乃一熊は日本のビリヤード界創成期の第一人者。父の玉乃世履は「明治の大岡」と呼ばれた名裁判官、息子の由理は木炭自動車の開発者である。（「毎日新報」1916年2月25日）

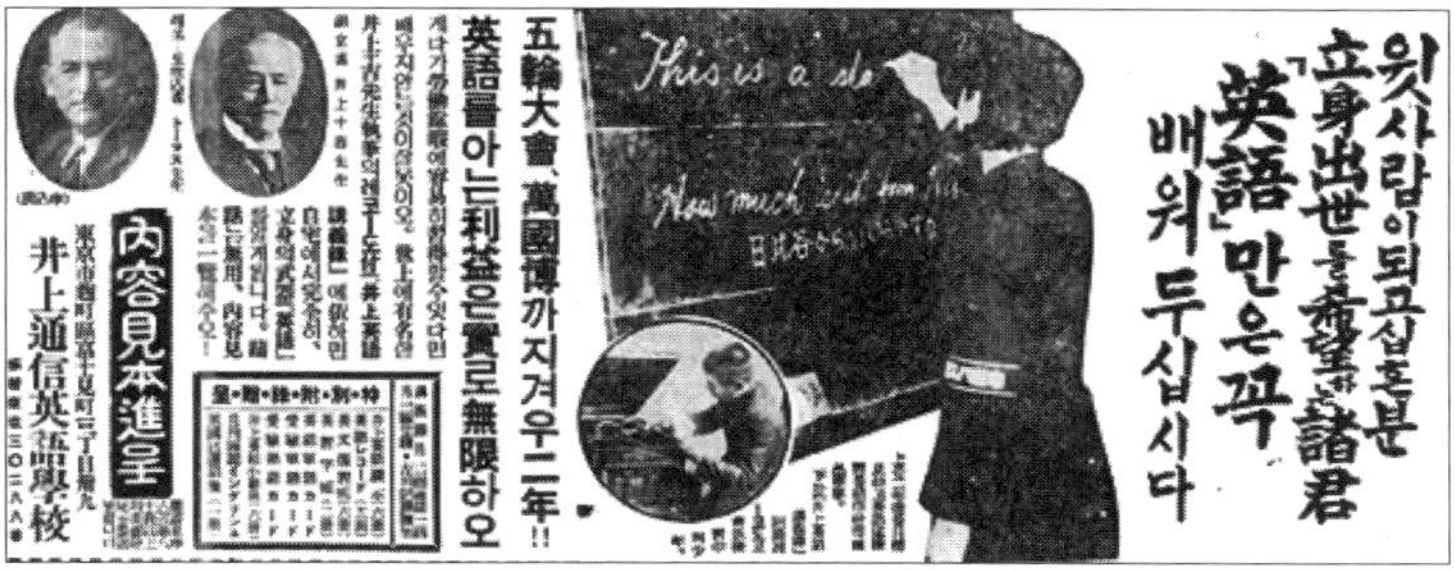

「五輪大会まであと二年」とあるのは、1940年に予定されていた幻の東京オリンピックのこと。支那事変長期化の影響で日本が返上することになった。(「朝鮮日報」1938年7月13日)

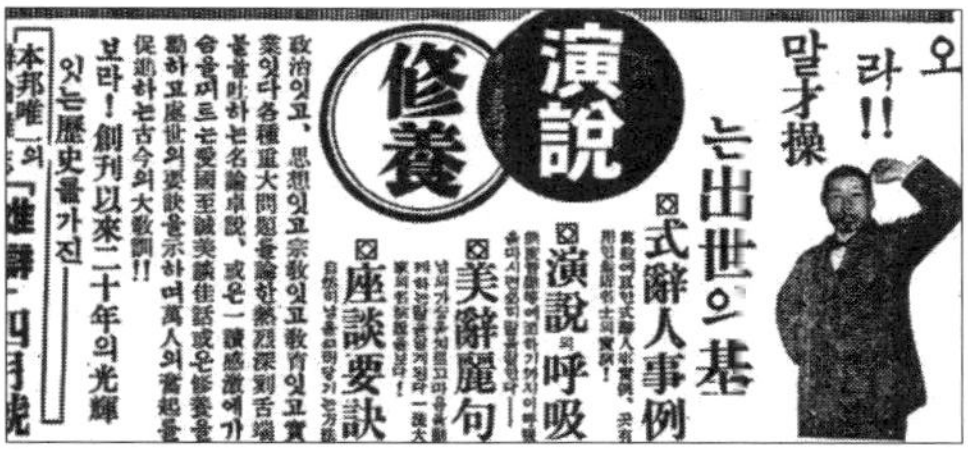

「20世紀、朝鮮に世界隆盛の色彩を表わさん者は鬼も泣く演説を指南するこの本をただただ読まれよ!」。もはや、広告自体が熱弁だ。(「朝鮮日報」1923年10月5日)

『愛の炎』。とにかくコピーがムダに熱い。「百合より美しく、夕日より赤く、熱い恋人たちの愛を紡ぐ」「現代新進文士が青春の情熱と血を吐き出し書いた『愛の炎』!」(「朝鮮日報」1923年10月16日)

『催眠術講座』。催眠術はフロイト心理学とカップリングで日本に紹介され、明治末から大正にかけて大ブームを起こす。潜在意識への着目はシュール・レアリスムなどの前衛芸術運動にもつながった。(「朝鮮日報」1920年6月10日)

「オーディオ」時代がやってきた

まだ贅沢品だった蓄音器を慰安婦たちは持っていた

慰安婦と蓄音器

「ミッチナ捕虜尋問調書49号」というものをご存じだろうか。1944年（昭和19年）、アメリカ軍がビルマのミートキナ（ミッチナ）陥落作戦で捕虜とした朝鮮人慰安婦20名からの聞き取り調査をもとにした報告書である。この報告書からは、左派が流布する慰安婦のイメージとは明らかに異なる、慰安婦たちのリアルな日常が語られている。その中にこんな一文がある。

《彼女たちは、ビルマ滞在中、将兵と一緒にスポーツ行事に参加して楽しく過ごし、また、ピクニック、演奏会、夕食会に出席した。彼女たちは蓄音機をもっていたし、都会では買い物に出かけることが許された。》

当時、蓄音機は、若者たちが憧れる、ちょっとした贅沢《ぜいたく》なアイテムでもあった。それは、どこかカフェーや喫茶店の風景とも直結していた。カフェーには必ずといっていいほど、手回し蓄音機が置いてあり、客の好みに合わせてレコードをかける女給の所作にコケトリーを求める客も多かったのである。渋谷や銀座の小じゃれた喫茶店では、レコード・ガールという特別の女性を雇っていた。接客は一切せず、ドレスを着てただ立っていて、時折レコードをかけるだけが彼女らの仕事だったが、レコード・ガール目当てでくる客がほとんどだったので、どこの店も美人で愛嬌《あいきょう》のある娘を置いた。売れっ子のレコード・ガールには他店から引き抜きもあったという。

やがてポータブル型の蓄音機が登場すると、レコードを楽しむという行為はインドアからアウトドアへと広がっていく。ピクニックに、ドライブに、あるいは花見に、音楽は大切なお供となった。ミッチナの慰安婦たちも将兵たちとレコードを掛けながら歌い、ときに踊り、つかの間の休みを楽しんだことだろう。

ポータブル蓄音機の登場。その名もビクトロヲ（ビクター）。ボート遊びをする男女が「春だ！春！」と叫んでいる。こちらは1台50円と通常の蓄音機の2倍のお値段。（「朝鮮日報」1934年4月14日）

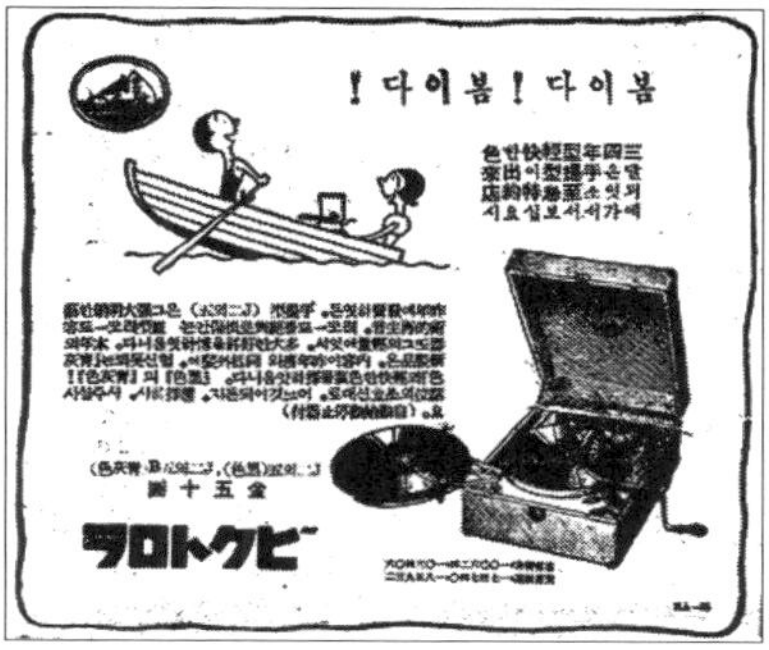

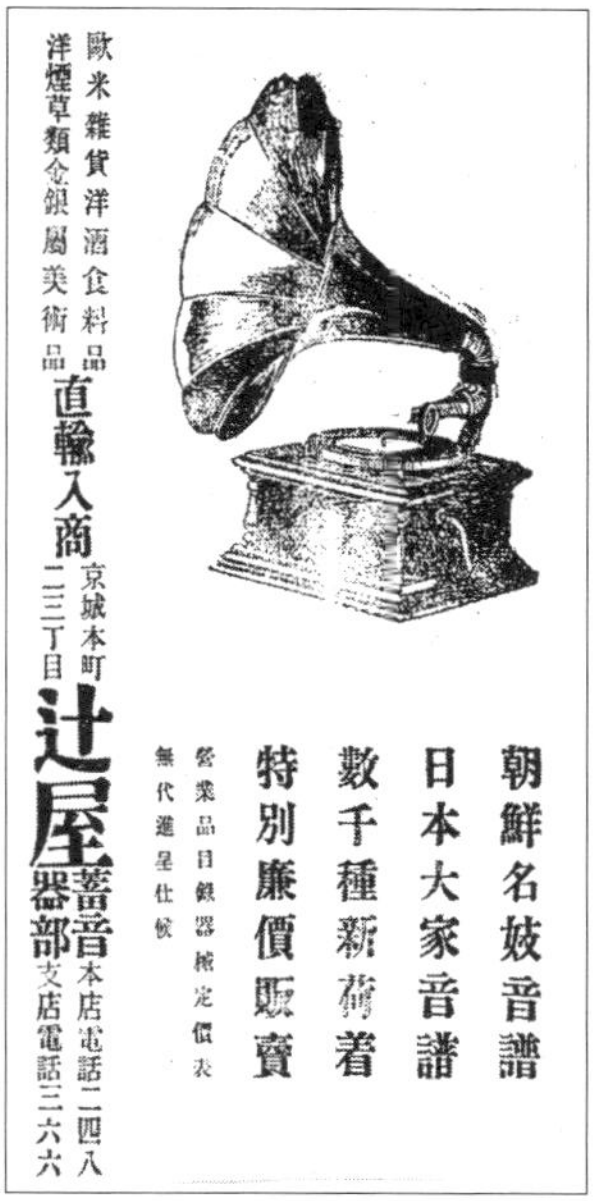

洋酒や洋モクの輸入代理店・辻屋は、蓄音機やレコードも扱っていたようである。「朝鮮名妓音譜」「日本大家音譜」「数千種新荷着」。音譜とはレコードのことらしい。（「京城新報」1910年?月日付未詳）

「李王妃殿下（純貞孝皇后尹氏）が蓄音機をお買い上げになった」と大々的に宣伝している。「文化的家庭に必須」。みんな、「文化的」という言葉の響きに弱かった。（「東亜日報」1923年5月18日）

コロムビア・ポータブル蓄音機。「生まれたての赤ちゃんより軽い」と、持ち運びのよさをアピール。具体的なようで、ぱっと見よくわからない広告である。25円と低価格化に成功。（「朝鮮日報」1936年1月23日）

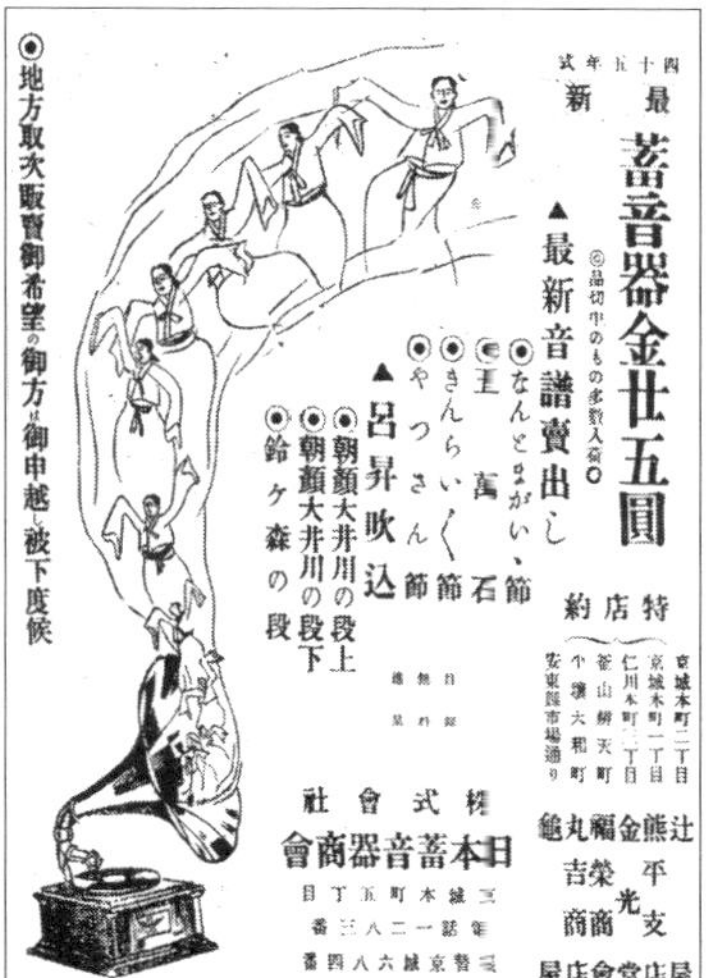

蓄音機のラッパから踊り出るチョゴリの舞姫。「なんとまがいい節」「五萬石」「きんらいらい節」「やつさん節」……いったいどんな曲なんだろう？（「京城日報」1912年3月日付未詳）

広告でみる日韓併合の真実 column 01

酒飲めば

朝鮮では伝統的に酒はどぶろく（マッコルリ）であり、自家製である。自家製であるから、それぞれの家で微妙に味が違う。いわば、お袋の味というわけだ。

総督府は朝鮮に「酒税法」を布き、自家醸造を禁じた。これによって、マッコルリは家の酒から酒場の酒となり、風味も度数も均一化され、お袋の味も消えた。

もっとも悪いことばかりではない。米から作るマッコルリは、米の作・不作によって生産量が左右されてしまう。専売制の導入で、供給と価格が安定し、家の酒甕が涸れるという心配も不要になったのは、のん兵衛にとってはうれしいことだろう。農法改革による米の増産も造酒の安定化にひとやく買っている。

ビール、ウイスキー、葡萄酒といった洋酒が入ってきたのは併合時代だった。半島に流通する国産洋酒は内地メーカーがこれをほぼ独占状態にしたが、日本酒（清酒）は朝鮮系メーカーも参入できたし、のれん分けもあった。そして、民族酒ともいえるマッコルリの製造販売だけは半島人の既得権益としてこれを保護したのである。

キリンビール広告。第二回化学工業博覧会の最高名誉大賞牌受領とある。（「朝鮮日報」1926年9月3日）

これがワインの広告だと理解するのに数秒を要するだろう。（「朝鮮日報」1939年1月23日）

詳細不明。ビールの広告用に撮られたポートレイトのようだが。『家なき天使』モデルは女優と思われる。金信哉（キム・シンジェ）にも似ているが。

第2章

民族を背負った「男」たち

経営者、金鉱王、パイロット、スポーツ選手、「暗黒時代」であると評される併合後の半島にも日本を凌駕し世界に誇る「男」たちがいた。「民族の英雄」への正当の評価が、反日という現代病にかかった韓国人の特効薬になるだろう

大空を目指した半島の「ヒコーキ野郎」たち

鳥のように空を飛びたい。その願いに内地人も半島人もない

「米国人パイロット」アート・スミスに憧れて

日本の民間航空の歴史を語るうえで、アメリカ人パイロット・アート・スミスの名前を欠くことはできない。彼に憧れ操縦桿《かん》を握ったというパイロットは数多い。

朝鮮の民間飛行士の嚆矢《こうし》として名を遺す安昌男《アンチャンナム》も京城の汝矣島《ヨイド》飛行場で見たスミスの曲芸飛行に魅せられ大空に夢描いた男である。ちなみに、この日、汝矣島に集まった20万の群衆の中には、のちに上海臨時政府に身を投じ、雲南航空隊で飛行術を学ぶことになる抗日運動家で女性パイロットの権基玉《クウオンキオク》の若き日の姿もあったという。彼女もまたスミス・チルドレンなのであった。

安昌男は1901年（明治34年）生まれ。1919年（大正8年、あの3・1事件の起こった年だ）に内地に渡り、大阪自動車学校で自動車操縦技術を学んだ。ついで翌1920年（大正9年）、日本帝国飛行協会の小栗常太郎が主催する小栗飛行学校に入学、卒業と同時に同校の教官に任じられるほどの成績優秀者だったという。1921年（大正10年）、安は3等飛行士の資格を修得。朝鮮に自身の飛行学校を設立することを夢に内地で飛行士として働き、1922年（大正11年）11月、東京・大阪間の郵便飛行競技に参加して、みごと往復に成功、賞金3000円を獲得している。同年12月には愛機・金剛号を操り、京城で念願の母国飛行を行った。

関東大震災で飛行学校が閉鎖されると、安は朝鮮に帰郷し、1925年（大正14年）には突如、中国に亡命し山西軍閥に参加。閻錫山《えんしゃくざん》の航空兵団に入団し飛行教官な

どを務めるが、1930年（昭和5年）4月、訓練飛行中に山の斜面に激突し死亡している。

大盛況だった飛行機学校

朝鮮における飛行学校の第1号は、李基演《イギヨン》が1923年（大正12年）に京城汝矣島に設立した京城航空会社である。李は1922年に内地に渡り3等航空士の資格を得て帰郷、同校を開校し後進を育てる一方、朝鮮全土を回って自ら操縦桿を握り航空教育のための啓蒙活動を行った。時には曲芸飛行も行ったようである。汝矣島で行った曲乗りでは空中で3000枚の銀色の紙を砂子のように撒《ま》いて30万人の観衆の喝采を浴びたという。その李も、1927年（昭和2年）6月、墜落事故を起こして帰らぬ人となった。これは朝鮮人パイロットによる最初の死亡事故として記録されている。

なお、李基演の遺志を継ぐように、彼の死後間もなく、慎鏞寅《シンヨンイン》が同地・汝矣島に朝鮮飛行学校を開校している。こちらは空中でのビラ撒きなどの航空宣伝も業務にしていた。金永修《キムヨンス》の朝鮮飛行研究所はずっと後年、1939年（昭和14年）の開校だ。すでに支那事変は始まっており、航空兵志願の若者で彼の飛行機学校は大盛況だったという。戦後は日本軍の残していた30機ほどの飛行機を引き取り50万円の巨費を投じ大邱に飛行場を建設、飛行研究所も規模を拡大した。すると内地から引き揚げた少年飛行兵出身者が大挙馳《は》せ参じ、これらが後日大韓民国空軍創設の主役になった。

1932年（昭和7年）5・15といえば、世に名だたるクー・デタ事件である五一五事件が起きた日であるが、同日1機の飛行機が朝鮮・満州に向かって羽田から飛び立っていたことは現在あまり語られることはない。操縦するのは、法政大学航空研究会に籍を置き、立川飛行場で飛行術の訓練を受けた尹昌鉉《ユンチャンヒョン》だ。羽田では日本学生航空連盟、日本飛行学校、朝日新聞社の飛行機が彼を出迎えたほか、李王からの激励が使者によって代読され、尹を奮い立たせた。この年、日本の後押しにより満州国が建国されており、尹の故国訪問飛行と満州訪問飛行は軍の後援で、内鮮一体および日満友好をアピールする、国策的な意味合いのあるものだった。

韓国旅客事業の父は日本で学ぶ

韓国の旅客航空の礎を築いた慎鏞頊《シンヨンウク》もスミス・チルドレンを公言していた人物である。1922年に内地に渡り、安昌男が教官を務める小栗飛行学校でまず3等飛行士の資格を取ると、次いで伊藤音二郎が校長を務める伊藤飛行機研究所に入所し先進飛行術を身につけた。朝鮮に戻った愼鏞項は飛行機学校の経営、遊覧飛行事業のほか、報道パイロットとしても活躍した。１９３４年（昭和9年）夏、朝鮮南部は豪雨に襲われ、88人死亡１７０人が負傷するという大水害に見舞われた。このとき、朝鮮日報の記者が被害地域を空撮し報道したのが朝鮮初の航空取材といわれているが、これを操縦していたのが愼鏞項だった。報道だけでなく、孤立した被災地域に食品や薬品などの空中投下や被災者救援などでも大活躍、民間飛行機の担う役割を広げてみせた点で大きな功績を残している。

１９３６年（昭和11年）10月、総督府や軍の協力のもと、朝鮮初の民間旅客事業を起こし本社を京城に置いた。これが戦後、大韓国民航空社（ＫＮＡ＝Korean National Airlines）に発展するのである。１９６２年（昭和37年）、ＫＮＡは政府に強制的に買収され大韓航空公社になった。１９６９年（昭和44年）には、海運商社・韓進に再買収されて再び民間航空会社としてスタートしている。これが現在の大韓航空である。

「米国冒険飛行家スミス氏宙返飛行」というスタンプが押してある記念の絵葉書。和装である。スミスは大変な母親思いとして知られ、アジア巡業にも母親を帯同していた。

「空中王・鳥人スミス飛行大會」。入場料は一等席が二円、二等が一円、三等が五十銭、四等三十銭になっている。（「毎日新報」1917年9月11日）

東亞日報社主催로 — 驚梁津汝矣嶋飛行場에서
今日！安昌男君故國訪問大飛行
午前十時부터—第一回京城訪問、第二回京城仁川往復飛行、第三回高等飛行
觀覽無料
三回에分한金剛號의壯技
觀하라 此歷史的初有의光景을
技能의熱誠을盡하야
故國同胞에게衷情을訴함
學生은無慮數萬
中等校、普校學生
女生數千
京城樂隊도出場
飛行列車의時刻
觀客諸位에게特請
仁川의歡迎準備
電車增發
安昌男氏의手記
友助堂時計舗

新聞一面を使って安昌男の故国訪問飛行を伝える宣伝記事。「第一回京城訪問・第二回京城仁川往復飛行・第三回高等飛行」。見物人の混乱を予想して特別列車が出たようである。（「東亜日報」1922年12月10日）

安昌男。これはビラ撒き飛行に失敗、田んぼに墜落したときのもの。幸いケガはなかった。彼も鳥打帽を被りスミスへの傾倒を表している。

朝鮮最初의飛行家安昌男氏의飛行成功을祝함

安昌男氏는本月十日初飛行에優秀卓越한技倆을吾人에게示하엿도다 同氏의飛行機에는實로吾社의「소코니ー모ー터ー가솔린」을使用하엿도다

이제吾社의「가솔린」은自働車用으로優良할뿐아니라

飛行機用으로도또한適當한事를現實히立證하엿도다 最少量으로最大哩數를示함은吾社의「소코니ー모ー터ー가솔린」의特長이라

紐育스탄다ー드石油會社朝鮮支店

安昌男の母国訪問を記念して。スタンダード石油のスポンサード広告（「東亜日報」1922年12月13日）

朝鮮航空界最初犧牲
李基演君墜落慘死
慶北聞慶에서競技飛行中

李基演の墜落死を伝える記事。「朝鮮航空界最初犠牲」の見出しに衝撃がにじみ出ている。大正元年から昭和2年までの13年間で内地外地合わせて45人の民間飛行士が殉職している。

5・15の日。羽田に向かうため、立川で愛機に乗り込む尹昌鉉。花束を渡しているのは当時の中島市長の令嬢・壽子氏。尹は立川が生んだスターだった。

二等飛行士
金永修氏歸鄕
苦學으로成功

「二等飛行士金永修氏帰郷」。朝鮮人パイロットの母国飛行を民衆はさながら凱旋将軍を見るようなまなざしで迎えた。「苦学」「成功」の人、金永修は戦後は国会議員も務めた。

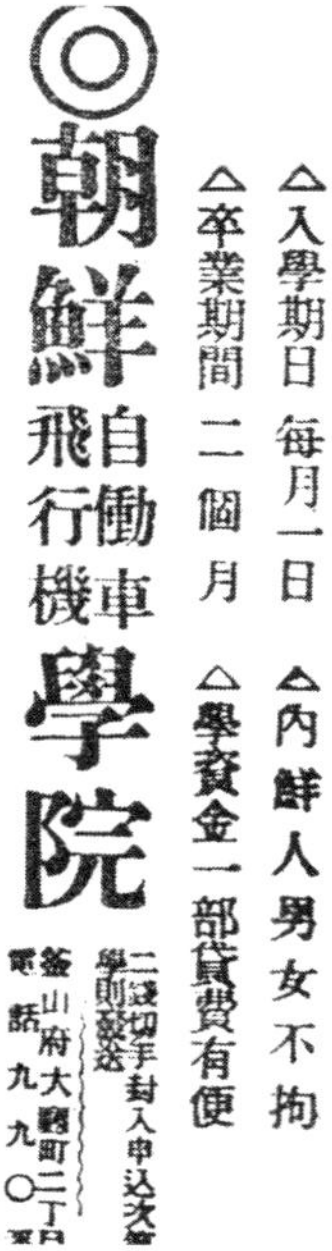

◎自働車飛行機運轉手生徒募集
△入學期日 毎月一日 △内鮮人男女不拘
△卒業期間 二個月 △學資金一部貸費有便
二錢切手封入申込次第學則發送
◎朝鮮自働車飛行機學院
釜山府大廳町二丁目
電話 九九〇番

朝鮮自動車飛行機運転手生徒募集。当時、飛行免許の前提として自動車免許修得は必修だったから、自動車科と飛行機科を併設する学校も多かった。「内鮮人男女不拘」とある。空を飛ぶ夢に差別はないのだ。(「朝鮮日報」1921年)

二等免許맛고
故國을訪問
사계에촉망되는저안해
千葉에잇는 愼鏞寅君

愼鏞寅の故国訪問飛行の記事。名前もそうだが、顔写真もよく似ている。愼鏞項と同一人物か。(「東亜日報」1927年10月2日)

◇郵便飛行成功한安昌男君

当時、実用としての飛行機の可能性は未知数であった。安昌男が大阪～東京間の郵便飛行の実験に成功したことを告げる記事。「練兵場に降った安さんが飛行機に積んできた郵便物を持って飛行機から降りるときの光景」。（「東亜日報」1922年11月15日）

1929年9月10日には東京～大連間の週3往復の定期旅客輸送が開始された。京城、平壌を経由して大連（満州）へ。この日は京城に国際空港が開港している。いよいよ空の旅の時代の幕開けである。（「東亜日報」1929年8月日付未詳）

戦後、創業したKNA（大韓国民航空社）。朝鮮戦争中は3機保有していた旅客機のうち2機を空襲で失い、残る1機は愼鏞頊社長自ら操縦桿を握り金海に逃避、ことなきを得たという。

愼鏞頊氏는 왜自殺했나

불같은 빗催促에 몰려

모조리 팔아대도 紅爐點雪

주머니엔

愼鏞頊の入水自殺を告げる記事。「戦前、東京で朝鮮飛行士協会を結成して後輩の学生を支援した。朴敬元や李貞喜ら貧しい女流パイロットが飛行士の夢を継続することができた」と功徳を讃えている。晩年は不遇だった。（「京極新聞」1961年8月29日）

朝鮮日報の特約パイロット時代の愼鏞頊。右端にいるのが、当時の朝鮮日報社長・方應謨（パンウンモ）。方と飛行機の縁も深く、彼は皇軍に飛行機を献納するために作られた朝鮮航空工業株式会社の設立発起人でもあった。

コリア・ドリーム「京城デパート」物語

繁栄する都市部では中間層が誕生し、「消費」という文化が花開いた

京城5大百貨店

併合時代の京城には5店の大型デパートが存在している。創業の古い順に、丁子屋百貨店本店、三中井百貨店本店、三越百貨店京城店、平田百貨店、それに唯一の朝鮮人経営である和信《ファシン》百貨店で、これらを総称して京城5大百貨店と呼んだという。

5大百貨店の中でやはり一番メジャーなのは三越だ。現在では伊勢丹と経営統合、三越伊勢丹としてアメリカ、欧州、アジアにも数多く支店を持つ日本型百貨店の雄にして老舗《しにせ》である。

戦前の朝鮮へは1916年（大正5年）に進出、京城府本町1丁目に三越百貨店京城出張所として開業している。1930年（昭和5年）に本町通りに移転、1932年（昭和7年）に大幅な増改築がなされ、同地にルネッサンス様式・地上4階地下1階のビルディングとしてお目見えしている。同百貨店ビルは朝鮮半島の建物としては初めてエレベーターが設置されていた。このエレベーターは物珍しさから口コミで広がり、当時休日となると地方からわざわざエレベーターに乗りにデパートへやってくる人々で混雑したという。

また、4階には三越ホールと大食堂、屋上には庭園、温室、茶室、児童遊園、美術ギャラリー、さらに京城府内を一望できる大展望台が設置され、これらも常に盛況だった。単に商品を売るのではなく、消費、娯楽、文化教養が三位一体となったサービス提供にこそ、デパートの使命がある、これは京城支店長・加藤常美のポリシーでもあった。

三越というブランド力の高さからか、新しいもの好きな京城っ子に熱烈に支持され、なんと客の7割強が朝鮮人だったという。これは5大百貨店の中でも突出している。

三中井百貨店（絵葉書）。創業者・中江勝次郎とその家族は帰国後、夫人の郷里である彦根で煎餅屋を開く。その後、洋菓子屋に転身。根夢京橋・三中井洋菓子店のロールケーキ「オリンピア」は地元の人たちに今も愛されている。

丁子屋百貨店。日系デパートは朝鮮人消費者に「日本文化」を紹介するショー・ルームの役目をはたしていた。日本人経営の個人商店にはなかなか足が向かない朝鮮人も「ひやかし」のできるデパートは、気軽に時間を過ごせる憩いの空間だった。

朝鮮戦争時、ＰＸとして使用された旧三越京城店（右）。現在の新世界百貨店（左）。時代の趨勢を感じさせる写真だ。三越自慢の大理石の中央階段は手すりこそ変わったが、今もそのまま使用されている。

「（京城）本町入口に栄える百貨の殿堂、三越」（絵葉書）。「国民精神総動員」「一億一心」という垂れ幕のものものしいスローガンから見て、戦時中のものだとわかる。本町付近は当時、日本人街として発展した。

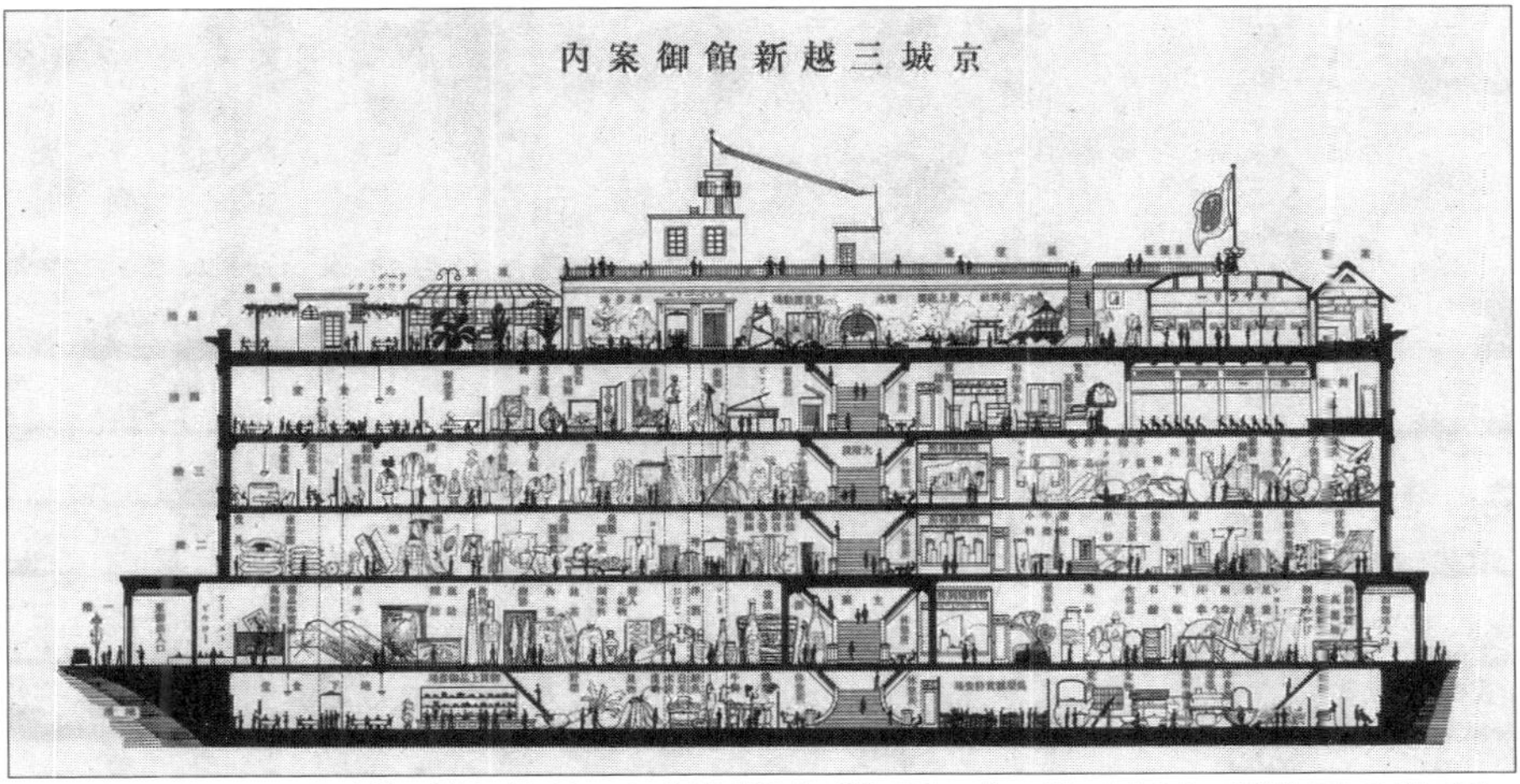

三越京城店。断面見取り図。各階の様子がよくわかる。食堂は地下と4階にひとつずつ。買ったものを一時預かりしてくれるサービスもあったようだ。屋上にある鳥居は、創業者である三井家の氏神である三囲稲荷であろう。

和信創業者・朴興植一代記

日本人資本がほぼ独占するデパート業界に、朝鮮人実業家として殴り込みをかけたのが、朴興植《パクシンフク》である。朴は貧しい小作人の子として生まれ、10代で米販売に従事、日本の米高騰によって最初の財を成した。その後、印刷業の傍らに始めた紙相場でも大いに当て、若干30歳で身代を固めた。1931年（昭和16年）、中泰和《シンテファ》経営の和信商会を買収、これを母胎にして和信百貨店の経営に乗り出していく。ちなみに中泰和の和信商会は朝鮮におけるクレジット販売の先がけ的存在だった。

前記の日系デパート4店が明洞《ミョンドン》地区に集中しているのに対し、朴は、当時、京城の繁華街としてはせいぜい一・五流どころであった鐘路《チョンノ》地区にあえて出店し、中流以下の朝鮮人顧客をターゲットにした販売戦略を打ち立てていく。「跳躍する朝鮮の和信」「朝鮮のデパートメントストア」といった具合に、宣伝文句には必ずといっていいほど「朝鮮」の文字を入れた。丁子屋や三越のお客が内地の最新流行を追うためにデパートに行くのに対し、和信は顧客の民族心に訴えかける商法に徹したのである。

それは大食堂の売り物メニューからもうかがい知ることができる。三越が東京更科本店からわざわざ呼んだ職人による「三越そば」、三中井は浅草来々軒のちゃんぽんとシュウマイ、丁子屋は支那ランチや寿司をそれぞれ売り物にしていたが、和信は軽洋食もあったが朝鮮食を主に提供していた（参考・平野隆『戦前期における日本百貨店の植民地進出』）。

こういった商業ポリシーは、むろん朴興植の朝鮮人としての意地によるところも大きいだろうが、三越や丁子屋に飽きた、あるいは敷居が高いと感じているお客をごっそりいただこうという、したたかな計算あってのものだった。

1935年（昭和10年）、和信商会は火災で焼失するが、朴はめげることなく、隣接する崔楠《チェナム》経営の中堅百貨店・東亜百貨店も買収し、1937年（昭和12年）、その土地に建築家・朴吉龍《パクキルヨン》設計による地上6階地下1階の和信デパート・ビルを完成させた。和信ビルは当時、京城でもっとも高い建造物で、エレベーターのほかにエスカレーターを完備、屋上には電光掲示板が設置されていた。朴吉龍は韓国初の近代建築家で、京城工業専門学校を卒業後、総督府建築技師となって腕を磨き、独立後は京城帝国大学本部や京城女子商業学校講堂などの設計で知られている。

和信チェーンはチェーン展開し、一介の米売りから出

鐘路にあった和信百貨店の建物。三越や丁子屋といった日系デパートの建物は曲線を取り入れたデザインだったが、こちらは直線で構成されている。同百貨店が鐘路発展につくした功績は大きい。

和信グループの総帥・朴興植。大東亜戦争末期には、軍に戦闘機を贈る目的で朝鮮飛行機工業株式会社を設立するなど、戦争完遂にむけて協力を惜しまなかった。夫人は東京芸大出身で朝鮮初の職業ピアニストだった。

대연각 호텔에 최악의 불

23층 모두 태워 40여명 사망
갇힌 2백여명도 질식 위기에
구조 늦어 거의 무숙책

군장비 동원 진화

국영업체 봉급 인상

여·야 영수회담 모색

크라운 빠빠의 선물

과자는
종합선물로
채점해
주세요

크라운제과

平田百貨店の跡地には戦後、大然閣ホテルが建っている。ここの実質的オーナーは当時KCIA部長の李厚洛だった。同ホテルは71年、プロパンガスの爆発がもとで全焼。多数の死者をだした。(「ソウル新聞」1971年12月25日)

和信百貨店内部。薬売り場だろうか。商品がところ狭しと並んでいる。朴興植は大阪に太いパイプを持っており、内地の製品は大阪ルートで仕入れていた。彼自身、大阪の商人気質が肌に合っていたようである。

発した朴興植は莫大な富を築き上げ、その威光は戦後もしばらく続いた。才覚と運さえあれば、小作人のせがれでも1代で巨万の富を築くことができる――朴興植はまさに併合時代のコリア・ドリームの体現者であり、それは李朝時代では決して起こりえなかった奇跡である。

反民族行為の逮捕者第1号だった朴興植

一方で彼は、反民族行為特別調査委員会（反民特委）による1号逮捕者という不名誉な称号も頂戴《ちょうだい》している。いわゆる親日派《チムイルパ》の筆頭に挙げられたのである。

朴興植は、大東亜戦争勃発《ぼっぱつ》の翌年の１９４２年（昭和17年）、半島の有力実業家として昭和天皇に謁見を許され、その席上「聖戦完遂に全力を捧《ささ》げたい」と誓い、事実、彼は、尹致昊《ユンチホ》の主宰する、朝鮮人有力者による皇民化と戦争協力のための組織・興亜報国団のメンバーとして軍需産業にも深くかかわっており、自らも戦費献納運動の先頭に立っていた。

逮捕はされたが、「朴の戦争協力は受動的だった」という当局の判断で起訴はまぬがれ、公民権2年停止の処分と引き換えに、拘束１０３日目に釈放されているが、釈放にはかなりの裏金が動いたといわれているのも事実である。

盧武鉉《ノムヒョン》政権以後、韓国では親日派狩りが再燃しているが、それに先立つ２００１年、朴興植が初代理事長を務めた光神《クァンシン》学院は突然、朴の銅像を自主的に撤去すると発表しこれを実行している。「親日派の銅像を学内に置くわけにはいかない」というのがその理由だが、このような、死者の墓を暴く行為に何の意味があるのだろうか。むしろ、併合時代、朝鮮人の地位向上に貢献し、大韓民国建国にあたっては、物心両面で国民を牽引したのは、彼ら「親日派」と呼ばれる朝鮮人事業家や知識層ではなかったか。

もっとも、朴興植も軍事政権下では、サムスン財閥の李秉喆《イビョンチョル》と組み、朴政権の懐刀といわれた李厚洛《イフラク》のソウルの土地ころがしビジネスに加担していたというから、どこまで身ギレイな人間かはわかったものではない。いわゆる政商という言葉は彼のためにあるのかもしれない。

和信は１９８７（昭和62年）に経営破綻《はたん》、和信本店の跡地は李秉喆の3男である李健熙《イゴンヒ》サムスン会長に買収され、１９９９年（平成11年）、地上33階、総ガラス張りの近代的なランドマーク、鐘路タワーが建てられるが、サムスン・グループの業績悪化に伴い、これも売却が決まっている。

和信チェーン全店あげての景品付き春期大売り出し。特等はなんと、牛一頭。他に白米や西洋製自転車、家具などが当たったようである。(「東亜日報」1936年3月日付未詳)

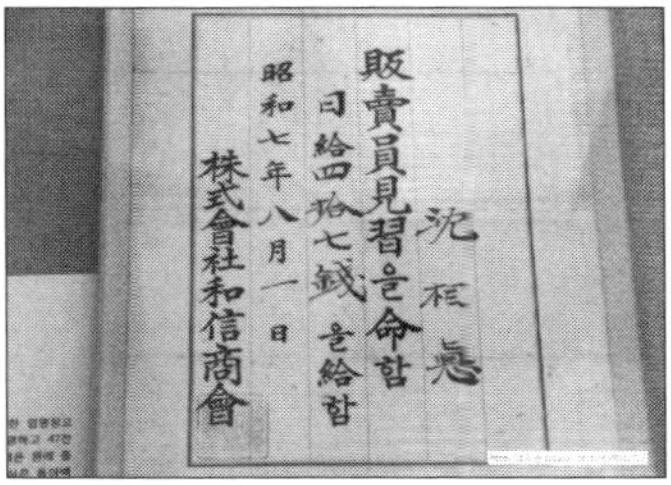

当時の辞令。和信百貨店販売員見習いの沈相恵（シム・サンヘ）さんの日給は47銭。Naverブログから。

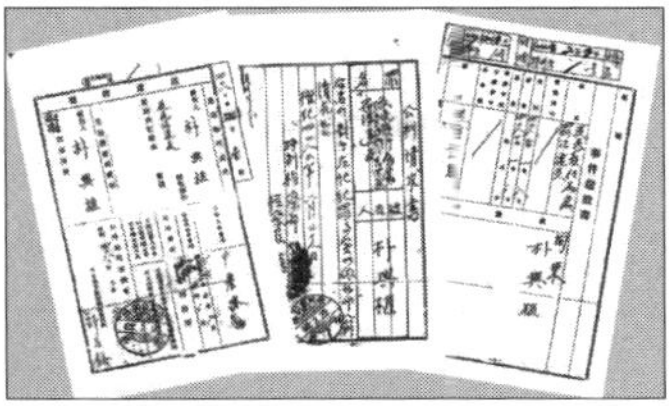

反民族行為特別調査委員会（反民特委）による公判請求書。反民特委は翌年解散するが、のちの盧武鉉大統領は復活を主張、彼の親日法（親日反民族行為者財産の国家帰属に関する特別法）の発想の根源となった。

自肅하라! 親日群像
叛族輩에 第一彈
逃亡가려든朴興植逮捕收監

朴興植逮捕の新聞記事。朴がアメリカ逃亡を企てているとの情報を得て、速攻で逮捕したとある。(「朝鮮日報」1949年11月11日)

お歳暮シーズンのバーゲン・セールを告げるポスター。「非常時局に即応した大奉仕」とある。大東亜戦争勃発からちょうど1年目だ。このころになると、あまり「朝鮮」を前面に出さなくなっている。(1942年11月)

どうせ「創氏改名」するならいい名前を

果たしてそれは差別だったのか？「名前を奪われた」の真実

朝鮮における「姓」と「氏」の関係

現在の韓国では、「創氏改名」は日帝の悪政の筆頭に挙げられることが多い。曰く「先祖の名前を奪われ、日本式の名前を強要された」「日帝は民族抹殺の手始めとして朝鮮民族から名前を奪った」と。日本人の中にも、創氏改名を日本の差別政策の1つだったと信じ込んでいる者も少なくない。

しかし、もし本当に差別が目的なら、ナチスがユダヤ人の胸に黄色い六芒星の印をつけることを義務付けたように、むしろ識別を強化し人種隔離の方向に向かうのが自然で、日本人とまぎらわしい名前に改名させるというのもおかしな話ではないか。

創氏改名は昭和15年に実施されたが、朝鮮人に日本式の名前を許可することに関しては、実は内地でも慎重論があったという。それというのも、日本人式の名前を勝手に名乗って商売する朝鮮人も少なくなく、それゆえのトラブルも多かったからだ。昭和12年8月、婦女子をたぶらかし金品を貢がせていたかどで御用になった、東京鎌田のダンス教師・金田愛次郎こと朴應哲《パクウンチョル》などその最たるものだろう。

それとは逆に、帝国軍人だった洪思翊《ホンサイク》や白善燁《ペクソニョル》、内地で衆議院議員を務めた朴春琴《パクチュングム》、あるいは本書別項に登場するダンサーの崔承喜《チェスンヒ》、歌手の王壽福《ワンスボク》のように、創氏改名令後も朝鮮名で通した朝鮮人も大勢いるのである。この事実をどう見る。

これらからもわかるように創氏改名は強制ではなく任意だったのだ。いや、正確にいえば「創氏」は強制（義務）であり、改名は自由だったということになる。これには少し説明が要るかもしれない。

朝鮮は儒教的家父長制度からくる血統主義の考え方から、結婚しても夫婦は別姓であり、2世代が同居する場合、1つの家に、夫、妻、姑の3つの「姓」が存在することになる。それでは何かと不自由もあるので、新たに家族（世帯）を単位とした「氏」（ファミリーネーム）を作って登録しなさいというのが、「創氏」である。登録の際に、ファーストネームのほうも日本風の名前に変えていいですよ、が「改名」だ。なお、登録しない場合、金なり朴なり、家長の「姓」がそのまま「氏」になった。また改名しても、もとの姓は戸籍に残ったし、日常的にそちらを使うことに何ら法的罰則はなかった。これのどこが強制なのだろう。ちなみに、創氏は無料だが、改名の手続きには50銭の印紙代がかかった。それでも全朝鮮人の80パーセントの人間が日本風の名前に改名している。逆にいえば、20パーセントの朝鮮人が改名せず、学校や職場で堂々と朝鮮名を名乗っていたということになる。

一方で、「（創氏改名により）族譜を焼き捨てなくてはならない」「本貫が否定される」といった流言が伝えられ、それを信じ悲観のあまり自殺した者もいたのも確かである。総督府におもねるばかり半ば強引に改名を勧めた面長（＝村長。ほとんどが朝鮮人）もいたかもしれない。そもそも創氏改名が内鮮一体、皇民化の強化という側面があったことは否めないだろう。しかし、1つ言えるのは、日本政府も朝鮮総督府もためになれと思って踏み切ったことだった。隔離政策よりも一視同仁の同化政策をより人道的な統治と見たのだ。これは間違いではなかったと思う。

ちなみに「族譜」とは家系図に先祖の業績や家訓などを書き添えた文書のことで、長大なものでは百科全集ほどになるという。現在でも韓国の家庭（本家）ではみなこれを大切に保管している。「族譜のないやつ」（チョッポ・オプヌン・ノム）といえば、「馬の骨」を数段強烈にした罵倒《ばとう》語だ。「本貫」は男系姓宗族の発祥の地を意味し、あるいは同一本貫を祖とする宗族そのものを指す。たとえば、金海《キムヘ》金氏といえば、金海（慶州南道《キョンジュナムド》）を発祥の地とした金さん一族ということになる。族譜も本貫も、朝鮮＝韓国人にとって欠くべかざるものとされている。ちなみに北朝鮮では、社会主義の建前から、族譜、本貫は形骸化《けいがいか》されているという。

総督府も「族譜を燃やす」などの流言には苦慮したようで、大邱市などは漢字かな混じり、ハングル・ルビ入りの法院公告まで発行し、説明にこれ努めていた。「氏ヲ設定スルト従来ノ姓ガ無クナルト云ウ誤解ガアルヤウデスガ氏設定後ニ於イテモ姓及本貫ハ其儘戸籍ニ存置サレマスカラ心配アリマセン」とある（図版参照）。また、各自治体に相談所を設けて、地域住民の質問に応えていた。相談所では、新制度の説明、手続きのヘルプのほか、具体的にどのような名前にしたらいいのかといった個別の相談にも専門家を置き対応していたようだ。今でいう、アドバイザー、コンシェルジェといったところだろう。

創氏改名を高々と宣言した「朝鮮近代文学の父」

新聞広告に目を投じてみると目につくのは、創氏改名に当て込んだ姓名判断の広告である。どうせ日本式の名前を作るなら運勢的にもよい名前を、というわけである。

韓国の人は伝統的に風水や占いが好きで、最近でも若い女性の間で姓名判断による改名が静かなブームだといわれているから、彼らがいうほど「先祖から受け継ぐ名前」に頓着はないようだ。もっとも今も族譜には女子の名前は記載されず、配偶者（妻）は「金氏」「朴氏」といった姓と本貫のみが記されるだけで、李朝時代にいたっては女子に正式な名前がつかぬことも多かったから、こと女子に関しては改名への抵抗も少なかったのだろう。ちなみに、傾城《けいせい》の悪女として名高い閔妃《ミンビ》にしても、彼女の本名を記録するものは残っていない。閔妃とは「閔氏出身の妃」という程度の便宜上の呼称である。日本式の戸籍の導入と創氏の制度は、それまで名前を持たなかった朝鮮の女性に「名前」と「家族の一員」という地位を与えたという意味で、その意義は正当に評価されるべきだろう。

広告にある「熊崎式姓名学」とは、元新聞記者で熊崎式速記術の発案者である熊崎健翁《けんおう》が長年の易学の研究の末、昭和3年（1928年）に発表した姓名判断学で、熊崎はその分野の開祖にして伝道者である。『熊崎式・赤ちゃんの名づけ方』は現在も続く超ロングセラーだ。

改名後、お披露目の意味で個人広告を出す人もいた。崔演國《チェヨングク》は「朝日」を創氏、これを機に一家そろって改名した旨を釜山日報紙上で報告している。崔は慶南《キョナム》評議員、慶南銀行幹部などを歴任、改名時は慶尚南道議員にあった。

文化人層で創氏改名を宣言した人物では、「朝鮮近代文学の父」といわれる作家で思想家の李光洙《イグァンス》が筆頭で挙げられる。

李は早稲田大学在学中、「2・8独立宣言」を起草し、その後、上海臨時政府の設立に身を投じるなど独立運動の先端的な闘士だったが、「朝鮮の亡国の原因は朝鮮人自身の怠惰性にある」として、しだいに親日家への転向を鮮明にしていく。それは「抵抗する力のない者が抵抗しても悪戯《いたずら》に血が流れるだけ。むしろ積極的に日本に同化・協力することで差別をなくし、朝鮮民族の地位を固めることがまず先決」という考えによるものだった。その李が昭和14年12月、京城日報紙上において、「香山」を創氏、自らを香山光太郎と改名することを宣言したのである。

　李のこの宣言に対する朝鮮人の反応はまちまちで、やはり一部インテリ層に反発もあったようだ。それに対して、李はこう回答している。

《内鮮一体を国家が朝鮮人に許した。故に、内鮮一体運動を行わなければならないのは、朝鮮人自身である。朝鮮人が内地人と差別がなくなる以外に、何を望むことがあろうか。（略）。姓名三字をなおすのも、その努力の中の一つならば、なんの未練もない。喜ぶべきことではないか。私はこのような信念で、香山という氏を創設したのである。（略）われわれの従来の姓名は、支那を崇拝した先祖の遺物である。地名や人名を支那式に統一したのは、わずか六、七百年前のことだ。すでにわれわれは日本帝国の臣民である。支那人と混同される姓名を持つよりも日本人と混同される氏名を持つ方が、より自然だと信じる。》（『創氏と私』毎日新報・昭和15年2月20日付）

　創氏改名は差別の制度ではなく、朝鮮人にとって差別をなくす手段であると、この士は 道破しているのである。

大邱の広報。「氏ト姓トヲ混同スル向ガアルヤウデスガ氏ハ家ノ称号デアリ姓ハ男系ノ血統ヲ表スモノデ両者ノ性質ハ全然異ツテ居リマス」。ハングルのルビつきで噛んで含めるように「創氏」を説明している。

京城（現ソウル）の創氏相談所に列をなす人々。この写真は当時の絵葉書にもなった。

「創氏ノ期限僅々二ヶ月残余」（「毎日新報」1940年6月10日）。朝鮮中央創氏名相談所とある。相談所では実際に命名の相談にものってくれたようだ。「子孫繁栄ノ為メ」というのが殺し文句か。高羲駿（創氏名高島基）は神道研究会理事。

「熊崎式姓名学・創氏、改名、命名比較研究されよ」（「毎日新報」1940年3月16日）。熊崎健翁の高弟・日高偉巌という人物については残念ながらまったく不明。写真入りは自信の表れ？

姓名判断3連発。「創氏改名！日本姓名学館」（右上）。「選名料一名一円五十銭」とある。ちなみに改名の手数料は一人（のちに一戸）50銭だった。「誰にもわかる氏の解説」（右下）。書籍の宣伝。「大評判！飛ぶやうな売行」というのが実にベタ。「名前のつけ方」（左）。こちらも書籍の広告のようだが、「改姓改名」は誤解を招く表記だ。

李光洙（1892〜1950）。作家。儒教的因習を批判する啓蒙小説を多数発表するなど、その文学的姿勢は「朝鮮の魯迅」と呼ぶにふさわしい。彼の反儒教思想は朝鮮の女性運動にも強い影響を与えた。創氏後は日本語による創作も精力的にこなした。朝鮮動乱時、北に拉致される。上は李の創氏改名宣言を伝える記事（「京城日報」1939年12月12日）。

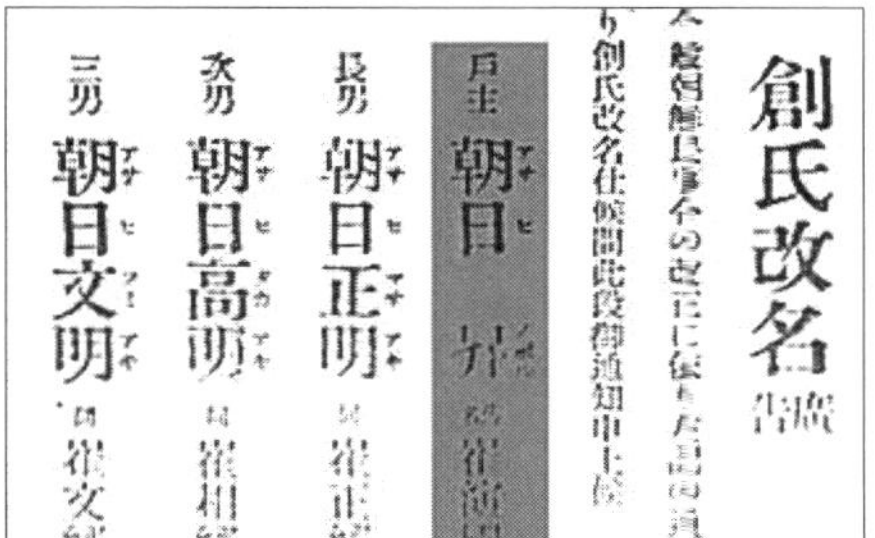

「今般朝鮮民事令の改正に依り左記の通り創氏改名仕候間此段御通知申上候」（「釜山日報」1940年3月5日）。崔演國は代々地主の家系にある特権階級だったが、当時の金で1千円を投じ朝鮮ハンセン病予防協会基金を設立するなど博愛の人でもあった。

「金鉱王」崔昌学とアフター・ザ・ゴールド・ラッシュ

併合時代の朝鮮にゴールド・ラッシュがあり、数多くの「成金」が誕生した

方應謨。事業家、ジャーナリスト、慈善家。戦時中は国民精神総動員朝鮮連盟を組織、積極的に戦争協力した。朝鮮戦争時に北に拉致されるが、その際、彼の乗ったトラックはアメリカ軍の空爆を受け、彼も爆死したといわれているが、目撃者はいない。

朴春琴。夫人は日本人。彼自身は民族名のまま議員を務めたが、大の創氏推進派だった。戦後は東京湯島で帆台荘という旅館を経営。ここは少女スター美空ひばりの定宿で、例の塩酸事件の当日も逗留していた。

鉱山労働者から朝鮮日報の社長に成りあがった男

ジャーナリストの大宅壮一は1935年（昭和10年）、約ひと月にわたる朝鮮、満州の取材旅行を実行、そのレポートを「満鮮スリル行」と題し『日本批評』（1935年11月号）誌上に寄稿している。

大宅によれば、「京城の市街は、内地とほとんど変わりがない。いや、内地の二流都市よりずっと綺麗で賑やか」だそうである。京城ではまず朝鮮日報社に立ち寄ると、編集局長以下幹部が総出で出迎えてくれ、その晩は一流の料亭につれていかれ、妓生《キーセン》10数人をはべらす大饗応《きょうおう》を受けたという。

《後できいてみると、この新聞の社長は、有名な金成金

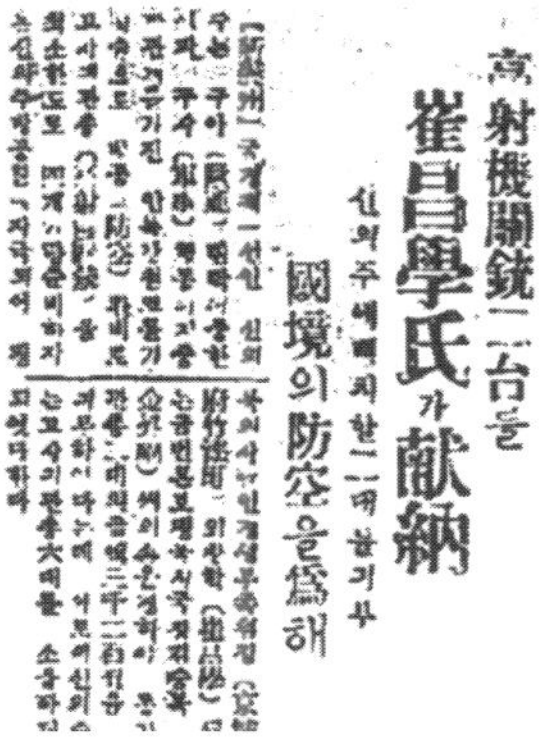

高射機關銃二台를
崔昌學氏가 献納
國境의 防空을 爲해

国境防衛のために高射機関銃2基を献納とある。掲載紙など詳細は不明だが、戦争末期の記事（1943年ごろ？）だと思われる。

自分が仕留めた（？）虎にまたがりご満悦の金鉱王・崔昌学。成金に虎の毛皮はよく似合う。併合時代の朝鮮にゴールド・ラッシュがあったことも、崔昌学の名も今の日本では語る者もいないのは寂しい限りである。

崔昌学が国民精神総動員連盟の基金に十萬円を寄付。「欲しがりません勝つまでは」「パアマネントはやめませう」は同連盟発の標語である。（「毎日新報」1938年6月14日）

精神總動員聯盟에
基金선뜻十萬圓
崔昌學氏의 愛國壯擧

國家的運動에
多少援助
崔昌學氏談

地下工作首魁
李載裕公判
出廷한被告七名

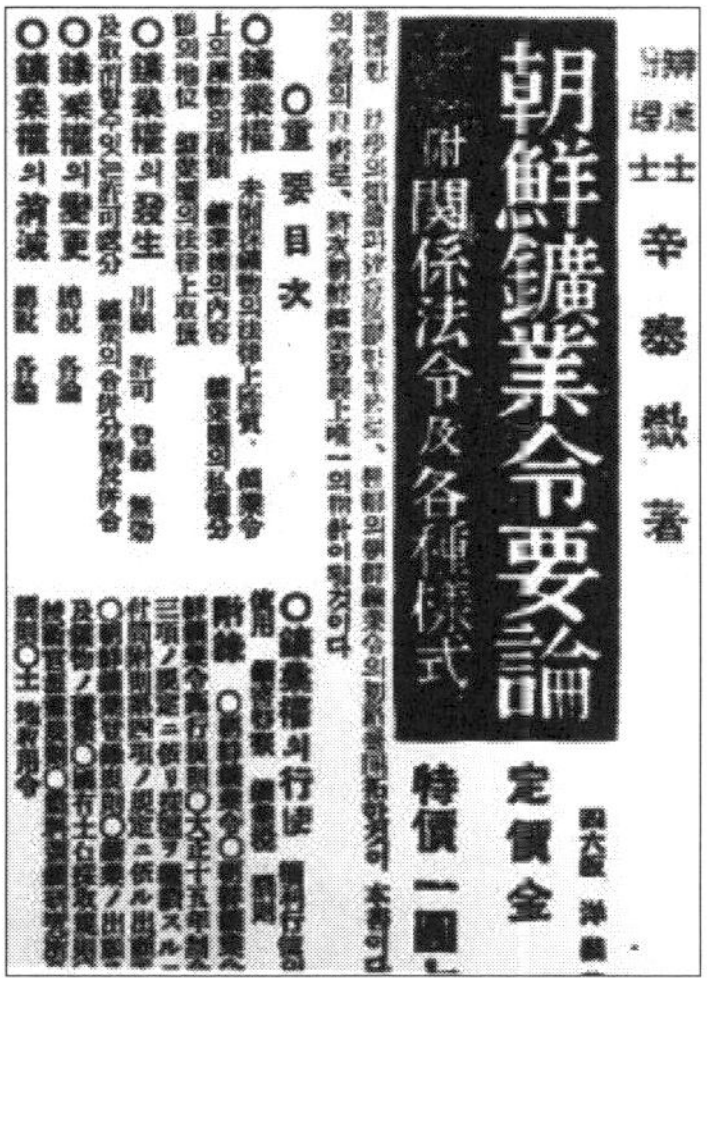

『朝鮮鉱業令要論』という採掘権に関する法律書の広告。著者の辛泰嶽は弁護士で 1932年12月の安昌浩の治安維持法違反事件の弁護人でもある。戦争協力行為によって現在は親日リストに入れられている。（「朝鮮日報」1935年4月10日）

で、一介の鉱山労働者からたちまち朝鮮で一二を争う鮮字新聞の社長となり、朝鮮のイトウ・ハンニと呼ばれている。》

ここに出てくる朝鮮日報社長なる人物は方應謨《パンウンモ》のことだろう。

東亜日報の支局長時代に平安北道朔州《ピョンアンブクドサクチュ》の校洞《キョドン》鉱業所を買収、ここで大金脈を当て成金になった。その後、傾きかけていた朝鮮日報社から経営権を買い取り1933年（昭和8年）社長に収まっている。それまでどちらかといえば、抗日独立的な論調の多かった朝鮮日報が、方の社長就任後、親日路線に転ずることになるが、それは方社長の指向であると同時に、抗日独立支持派の最右翼となったライバル紙である古巣の東亜日報（ベルリン五輪マラソン金メダリスト孫基禎《ソンギジョン》の日の丸抹消事件で知られる）との差別化をもくろんでのことだった。方社長を補佐する副社長は李光洙が務めた。

方應謨が、大宅のいうように鉱山労働者の出身だったたかは不明だが、生家は貧しく苦学の人であったのは事実で、そのせいか大金持ちになって以後は、農村の啓蒙運動や女性の教育運動への助成、水害被害復興への支援など、福祉事業にも尽力している。

ちなみにイトウ・ハンニ（伊東ハンニ）は、戦前の作家で相場師、社会運動家、『国民新聞』のオーナーで、あの男装の麗人・川島芳子（愛新覺羅顯玗《あいしんかくらけんし》）のパトロンとしても知られた怪人物で、大宅壮一とも親交が深かった。

大宅は続ける。

《先年来朝鮮では、ゴールド・ラッシュが湧きかへってゐる。農夫も樵夫《きこり》も、教師も牧師も、シャベルとツルハシをもって狂奔するといふ騒ぎだ。或るヴァイオリニストは愛妻を売った金で鉱区許可の出願をするし、或る牧師は祈禱によって大金鉱を発見したといって信者から印紙代を集める。人相見や易者と相談の上金鉱を探して歩く熱心家があるかと思ふと、詐欺に引っかかって元も子もなくしてしまひ、首をくくったなどといふ悲劇がある。すべて投機性をおびてゐて、百円の金鉱がたちまと千円、一萬円、十萬円、百萬円と十進法で暴騰し、さて掘つてみるとちっとも出なかったとか、逆に誰もがサジを堤げ《ママ》て鉱区から続々出だしたとか、お伽話めいたゴシップが伝えられてゐる。》

まさに、黄金狂時代といった感がある。大宅によれば、朝鮮の全道の約6割が金鉱になる勘定だといわれ、それに合わせて次々と成金が誕生しているという。「日帝の過酷な搾取に泣く朝鮮良民」の姿は一体どこにあるのだ

崔昌学私邸（京橋荘）の全景と、1階ロビー（左）と2階の客間。2階は床の間付きの純和室だ。和信デパートも担当した金世演が設計、日本の大林組が施工した。

金九。上海天長節爆弾事件の尹奉吉、昭和天皇爆殺未遂事件（桜田門事件）の李奉昌ら抗日テロリストを育て上げた朝鮮の死神博士。自伝には「日本人士官・土田譲亮を殺し、その生き血をすすった」とあるが、そのような事実はない。

京橋荘の金九執務室。ここで殺害された。現在は「金九資料館」となっており、殺されたとき着ていたという血染めのパジチョゴリなども展示されている。

ろうか。中央日報２００９年（平成21年）４月22日号によれば、１９３９年（昭和14年）の金生産量は31トン、現在の貨幣価値で計算すると10兆ウォン（約１兆円）におよぶという。中央日報は例によって、これらの金はすべて日帝によって搾取されたかの如き書きっぷりだが、冗談ではない。今、書いたように半島ゴールド・ラッシュは多くの朝鮮人新興富豪を生み、それらの一部は地元に還元され人々の暮らしを豊かにしているのだ。

「黄金鬼」と呼ばれる男の福祉事業

　戦前、帝国議会で朝鮮人初の代議士となった朴春琴《パクチュングム》も金鉱でひと山もふた山も当てた金鉱成金の１人である。その朴が金鉱の道でライバル視し、ときに鎬《しのぎ》を削りながら、ついぞ勝つことのできなかった、文字どおりのスーパー金鉱成金が、「黄金鬼」の異名を持つ崔昌学《チェチャンハク》、その人だ。

　崔は20代はじめに故郷の平北亀城《ピョンブククソン》で金鉱を見つけて以来、次々と金鉱を掘り当て、最盛期には数十の金鉱を所有し、１代で巨万の富を築いている。「京城日報」１９３５年10月９日付が「当ったり大鉱山！　まさに花咲爺／持前の侠気で公共事業数々　崔昌学氏」と題した記事を掲載している。一部紹介しよう。

《大正十一年であったろうか平北亀城郡舘西区造岳洞に金鉱の発見されたことを聞いた崔昌学さんは、「こりゃ耳よりな話じゃわい、必ずその附近にまだ眠っている金色燦然《さんぜん》たるうい奴があるにちがいない」というので、機を見るに敏な崔さんは調査をはじめた、そして大正十二年にその北方舘西、天摩両面に跨《また》る大鉱区を発見してその年末九十九万坪の鉱区設定をうけ、三成鉱山の看板の香もゆかしく嘴《つるはし》を入れるとどうだ事業開始の第一年に産金八十六万円にのぼり爾来鉱区を拡大して昭和四年迄の総産額一千万円に達し、文字通り半島の鉱山王として、夢のように華かな王座を獲得して了った幸運児である。さあ斯う事業があたれば面白い、採掘に製錬に全身を打込んで刷新改善をはかったものだ、大体山の中だから、三成鉱山の辺りは人家稀《まれ》な文字通りの寒村に過ぎなかったが、事業の発展に従って従業員は一千戸を突破しこれに伴って転住するもの日に多きを加えたものだから、物資の集散は激増するし商業は盛んになるといった調子で遂に市場まで出来るようになった。崔さんはこれを見て、道路改修、警察官駐在所の設置、公立普通学校の新設等に努力し寒村はモリモリ姿態を整えて郡の中心となるに至った。》

　ゴールド・ラッシュは、１人金鉱王の蔵を満たすだけではなく、地域の振興、ひいては人々の生活の向上にひと役もふた役も買っているのである。儲《もう》けたお金のいくばくは世のため人のために使う――内地でも半島でも、昔の事業家にはそういう篤志家は多かった。

　当時、満鮮国境一体は昼夜なく匪賊《ひぞく》が跋扈し、強奪、火付け、人さらいなど外道の限りをつくして人々の生活を脅かしていた。特に冬ともなれば鴨緑江《おうりょくこう》は凍結して、陸つづきも同様となり匪賊の侵入を容易にした。崔昌学はこれら匪賊退治には警備車両が必要であると痛感し、国境第一線警察署に3台寄贈している。また、また国境警察官のための療養施設建設の計画を聞くと、これに多額の私財を投じている。ほかにも、産業開発のための産業奨励館新設に寄付したり、初等学校の設立、京城工業学校に鉱山科設置、その他道路の改修、冷水害の救済、国防飛行場設置等、社会事業に次々と寄付を申し出て、京城日報の記事によると「その総額過去八年間に二十一万五千五百円」にのぼっているという。

　また戦争が激化すると皇軍のために戦闘機計8機、高射砲計2門を献納したほか、多額の寄付を何度かにわたって行っている。現在の金額にすれば、1億や2億ではきかないだろう。

暗殺の舞台となった崔昌学邸

　金鉱王・崔昌学のかつての栄華の片鱗《へんりん》をソウル中区平洞《チュングピョンドン》の江北三星《カンポクサムスン》病院に見ることができる。同病院の敷地内にある京橋荘《キョンギョジャン》という白亜の洋館は、崔が1938年（昭和13年）に建てた私邸である。1584坪の地上2階地下1階建ての鉄筋コンクリートの建物には、ビリヤード室に理髪室、食堂、当時としては画期的な温水暖房施設まで完備されており、2階の部屋は崔の趣味か、すべて畳敷きの日本間である。上海臨時政府主席を名乗っていた金九《キムグ》が戦後帰国すると、崔は金九の自宅兼執務室として無償で提供している。併合時代の崔の数々の戦争協力が一切不問に付され、反民族行為者リストからも除外されたのは、ひとえに、この自宅寄贈の見返りともいわれているが。

　金久はこの京橋荘で有名な『白凡日誌』を執筆している。そして彼が最期を迎えたのもこの家だった。暗殺者・安斗熙《アンドゥヒ》の凶弾によって、金九の書斎の畳が血の海と化したのは1949年（昭和24年）8月26日のこと。安は李承晩《イスンマン》の手の者で、暗殺の背景には金九と李承晩の権力闘争があったというのが、今日の定説である。京橋荘の壁には、今もそのときの銃痕が生々しく残っている。

自転車王・厳福童と愛車ラッジ・ウィットワース

自転車王として日本人を打ち負かし「民族の英雄」となった男

圧倒的な「陸の王者」登場

1910年（明治43年）、併合直後の朝鮮に1人の超男性が出現している。

平沢《ピョンテク》市で自転車販売店・日米商会の店員だった18歳の少年・厳福童《オムボクトン》は、同年4月京城《けいじょう》（ソウル）で行われた「全朝鮮自転車競技大会」に初出場、内地人を含む並みいる脚力自慢たちを押しのけてまさかの優勝をかっさらってしまうのである。しかもスタートで出遅れ、40周回るコースの30週目までは最下位だったという。そこから一気に追い上げての奇跡のゴールだった。

さらにその3年後の1913年（大正2年）4月、やはり京城で開催された「日朝対抗自転車大会」でも厳は2位以下に大差をつけて優勝テープを切り、賞金を手にしている。この大会は「日朝対抗」を銘《めい》打っただけに、見守る半島人たちの熱狂もすさまじく、「日本人を負かせた」厳福童はたちまち「平沢の快男児」と呼ばれるようになった。

当時、自転車はまだ高価で（ゆえに選手人口も少なかったということも厳の優勝に有利に働いていたとはいえ）、販売促進のアピールをかねたアマチュア自転車競技大会が頻繁《ひんぱん》に行われていた時代だった。

厳は職業柄、自転車に触れる機会も多く、その構造をよく知っていた。むろん操る方も得意中の得意で、大会前は毎日平沢から京城間の約80キロを自転車で往復し（つまり合計160キロ）足腰を鍛《きた》えたという。

ちなみに朝鮮半島に自転車を伝えたのは西欧から来た宣教師だといわれているが。自力で漕《こ》ぐ自転車は奴隷労

連戦連勝。大会を記念してのラッジ・ウィットワース社特約店の広告。「一着・京城・厳福同（ママ）君乗用」とある。イラストの男も厳福童なのだろうか。（「毎日新報」1913年4月17日）

厳福童（1892〜1951）。東洋自転車王。優勝旗の文字は「全朝鮮自転車大會1923」「主催馬山體育會」と読める。となれば、31歳のときの写真か。

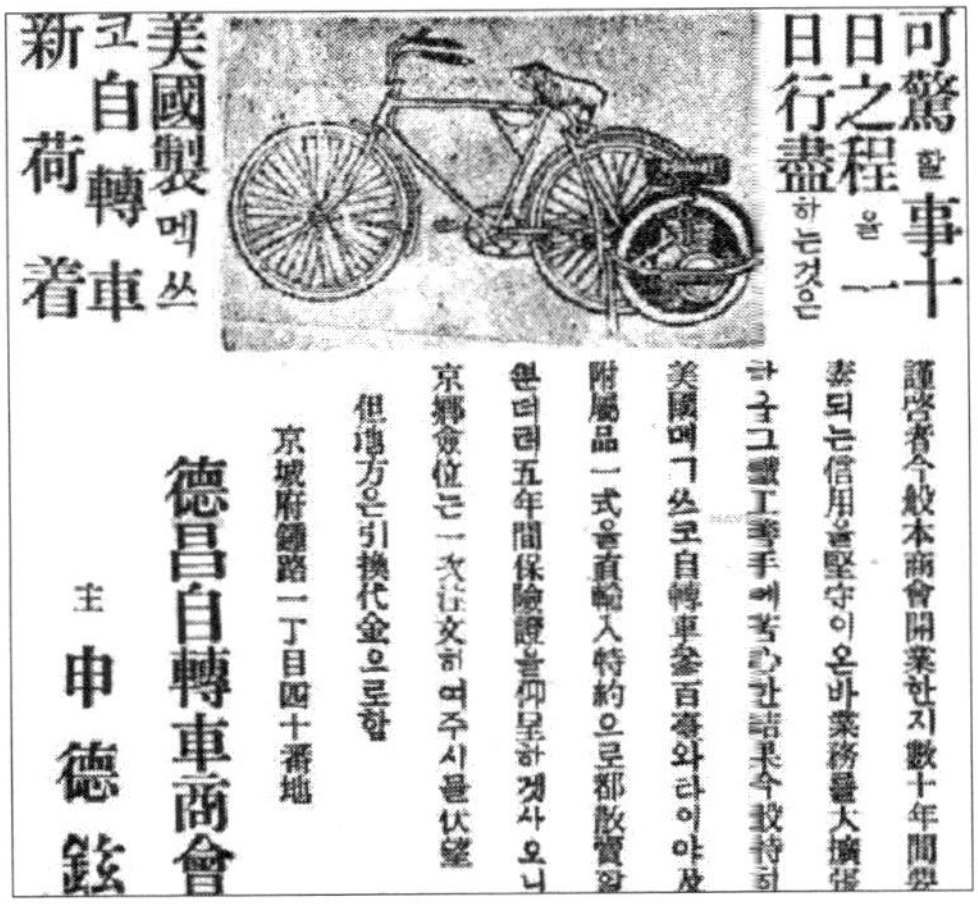

徳昌（トクチャン）自転車商会。アメリカ製の自転を直輸入。5年間の保証付き。店主の名は申徳鉉（シンドクヒョン）である。（「東亜日報」1920年4月12日）

働を連想させるのか一般にはなかなか浸透しなかった。
やはり、自転車の普及に一役かったのは日韓併合による内地人の流入だろう。特に商店の店員にとって配達運搬に自転車はかかせなかった。厳福童の自転車人生が店員からスタートしたというのも必然といえるかもしれない。

優勝旗破りの伝説

厳福童の活躍が本格化するのはむしろ1920年代に入ってからだ。厳は多くの大会に出場、優勝を総なめにしている。朝鮮の新聞は、朝鮮人パイロット第1号・安昌男《アンチャンナム》と厳福童を並べ、「空を見よ、安昌男がいる！地を見よ、厳福童がいる！」と書き立てた。いつしか厳は「平沢の快男児」から「民族の英雄」的存在に昇進していた。

ある大会では、厳のあまりの強さに内地人選手の立つ瀬なしと感じた日本人主催者がレース中にもかかわらず「日が落ちた」という理由で大会の中止を宣言したために、厳がこれに怒って優勝旗を破り捨て、日本人朝鮮人入り乱れての乱闘に発展したという。

もっとも、近年の子供向け伝記絵本などでは厳が破いたのは優勝旗でなく日章旗になっているなど、話がやや潤色《じゅんしょく》されている。それはともかく、厳福童の超人ぶりを示すエピソードである。

1929年に厳は年齢と体力の低下を理由に引退を宣言するも、1932年（昭和7年）4月に開かれた「全朝鮮男女自転車大会」1万メートルのレースで復活、3年間のブランクがあったにもかかわらず、みごと優勝を手にしている。このとき厳は41歳である。

しかし、この復活が同時に二度目の、そして実質的な引退となってしまった。

淋しい死

その後、厳福童が公式の大会で走ったという記録は残っていない。彼の存在自体もいつしか人々の記憶から消えていく。

後年判明したところによると、解放後（戦後）は、それまで貯めた優勝賞金も使い果たして無一文の流浪《るろう》の身となって韓国国内を転々とし、1951年（昭和26年）、朝鮮動乱の折りに東豆川《トンドゥチョン》市の市街で空襲に遭遇、爆死してしまったという。一時とはいえ、「東洋の自転車王」「走る民族英雄」とまで呼ばれた男にしては、あまりにも淋しい晩年といえた。酒も煙草もやらず、浮いた話とも無縁で終生独身だったという。そちらの方は〝超男性〟とはいかなかったようだ。享年59歳。

これもアメリカ製自転車。スポーツ車のスタイルがほぼ確立していたのがわかる。アドレークがメーカー名なのか車種なのかは残念ながら不明。（「東亜日報」1921年6月18日）

厳福童（福同）の優勝を伝える新聞記事。7歳の大会出場者もいたようだ。右の写真は安昌男で、くしくも陸の王者と空の王者が紙面で共演することに。（「毎日新報」1921年11月8日）

平壌の妓生学校の隣は「鎬賛（ホチャン）自転車商店」。妓生たちも自転車に乗ったのだろうか。自転車の他、リヤカーや人力車も扱ったようだ。（絵葉書より）

厳福童の銅像と文化財として永久保存が決まった厳の愛車（英RW社製）。この時代、自転車といえば、日本では宮田があるくらいで、ブランド品は英国製か米国製だった。朝鮮では終戦の前年1944年になって最初の国産自転車メーカー「京城正孔」が創業している。

併合時代が生んだ「長距離ランナー」の孤独

併合時代だからこそ彼は走ることを憶え、そして併合時代だからこそ走ることをやめた

ベルリン五輪で オリンピック記録をだした孫基禎

孫基禎《ソンギジョン》を語ろうとするとき、さまざまな枕詞《まくらことば》が浮かんでくる。「悲劇のランナー」「祖国喪失の象徴」「走る独立運動家」……。いずれにしても日本人の自虐心を大いに刺激してくれるフレーズばかりだ。むろん、筆者もその日本人の１人なのである。

孫基禎、日韓併合から２年目の１９１２年（明治45年）、中朝国境の鴨緑江のほとりに、貧しい商人の子として生まれている。鴨緑江は冬ともなれば凍結し、子供たちにとっては格好のスケート場となるが、スケート靴を買ってもらえなかった彼は、代わりに走ることを憶えた。小学校高学年には独自のトレーニング法を開発し、学校の行き帰り、放課後、ひまをみつけては走り続けていたという。家の事情で進学を断念した孫だったが、陸上競技の名門・養生高等学校からスカウトされ、19歳で同校に入学、ここで長距離ランナーとしての才能をさらに開花させた。１９３５年（昭和10年）の明治神宮体育大会のマラソンで、当時の世界最高記録２時間26分42秒を樹立し、翌１９３６年（昭和11年）のベルリン・オリンピック日本代表の切符を手にしている。このベルリン五輪でも当時のオリンピック記録となる２時間29分19秒２でゴールを決め、みごと優勝を果たしたのだった。

彼の金メダル獲得は、内地はもとより、彼の故郷である朝鮮に熱烈な興奮を呼び起こし、日本統治下にあって屈折した思いを抱えていた朝鮮の人々の民族心に火をつけることになった。最初に反応したのは、メディアだっ

実際の写真（右）と「東亜日報」（1936年8月25日）に掲載された日の丸を塗りつぶした孫基禎の表彰台の写真。手にしているのは、ヒトラー総統からじきじきに与えられた優勝記念の月桂樹の苗。孫の母校・養高校に植樹され、80年経った今、大木に育っている。

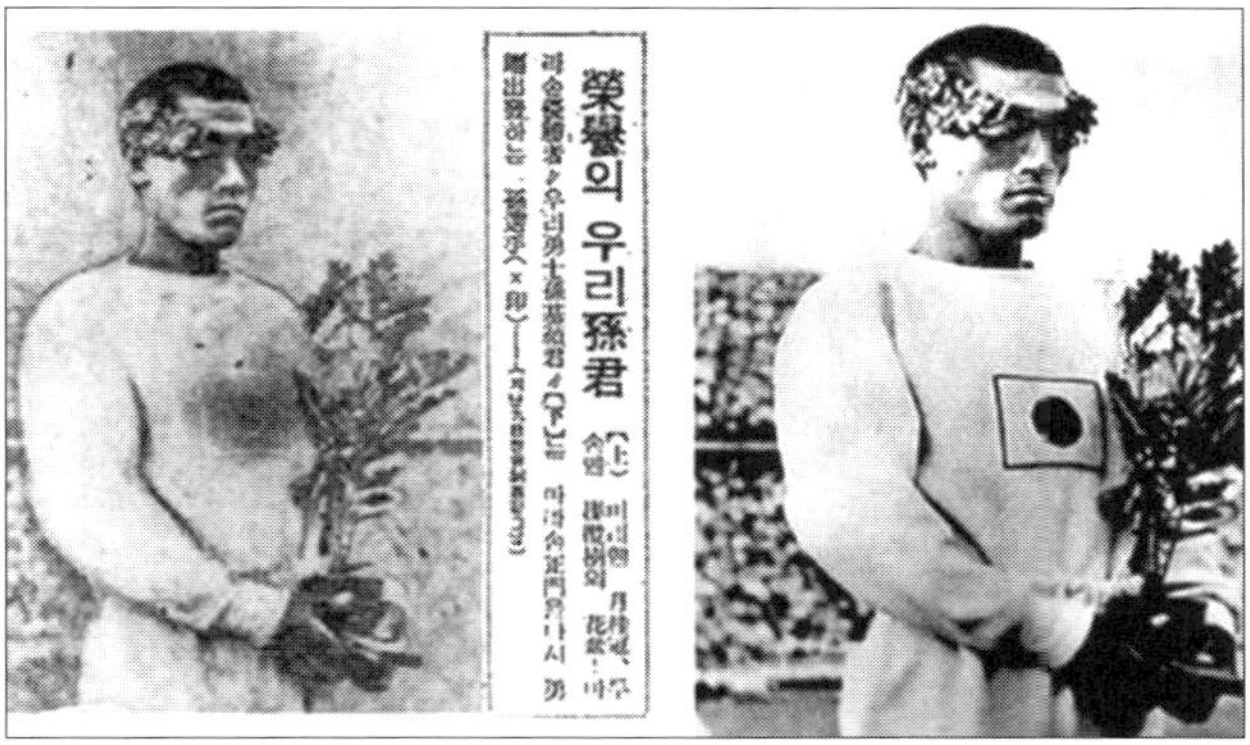

「祝、孫、南両君優勝」。実効散という滋養強壮剤（？）の広告。アスリートのパワーにあやかろうということだろうか。ランナーの胸にはちゃんと日の丸が描かれている。（「朝鮮日報」1936年8月19日）

「朝鮮男児意気衝天！」「孫君一着、南君三着」。南君とあるのは南昇龍のこと。この大会のマラソン競技では、金、銅をともに半島出身の日本選手が取った。記事の活字も心なしか躍っている。（「朝鮮日報」号外1936年8月10日）

た。

大会直後に朝鮮の新聞「東亜日報」は、表彰台に立つ孫のユニフォームの日の丸を白く塗りつぶした写真を掲載したのである。これが独立運動組織の地下活動に神経をとがらせていた朝鮮総督府警務局の逆鱗《げきりん》に触れることになるのだ。同記事の担当記者が逮捕され、新聞は発行停止処分が下されている。世にいう「東亜日報日の丸事件」だ。また、この事件をきっかけに孫自身も要注意人物として特高警察の監視対象にされてしまうのである。

孫は民族意識が強い青年として知られ、ベルリンでは外国人記者にサインを乞われると「ＫＯＲＥＡ」と添えたり、表彰に際しても「自分の国歌がなぜ君が代なのか」などと発言し、かねてより当局を苛立たせていた。それ以前にも、総督府や日本政府に対して批判的な言動を隠すことはなかった。彼のそんな態度を心配した同胞から、レースに出してもらえなくなるぞと忠告を受けることもあったが、孫は「いいですよ。私が走らなかったら、困るのはあの人たち（日本）ですから」と言ってのけたという逸話も残っている。

「朝鮮生れの人が日本のために活躍するのは愉快」

結局、この一連の騒動が重なり、孫はしだいに走ることに意欲を失っていく。翌年、明治大学に進学するが、陸上部に所属することはなかった。金メダルの栄光と引き換えに、２度と彼はグランドに立つことはなかったのである。

以上のような事実からも、孫基禎を「悲劇のランナー」と呼ぶのに一点の躊躇《ちゅうちょ》もない。多くの半島人が彼を民族の声なき声の代弁者と思う気持ちもわかる。

では、当時の日本人は孫基禎をどのように見ていたのであろうか。さすがに、栄えある金メダリストに背信者、裏切り者の烙印《らくいん》を押すわけにはいかないものの、同情の意味も込めて、どこか腫《は》れものにさわるような扱い、できれば彼の話題は避けたい、そんな空気があったのではないか。筆者は長い間そう思っていた。そんな折り、偶然、こんな記事を見つけた。『婦人公論』１９３６年10月号の、「邦坊女人問答」という対談シリーズである。ゲストは、半島の舞姫こと舞踏家の崔承喜《チェスンヒ》。ホスト役は漫画家の和田邦坊《くにぼう》である。その中に孫基禎の話題が出てくる。

《「この脚なら走っても早いだろうな」
「早いわよ、孫選手だってどうです」
と威張った。なるほど、半島が生んだ、マラソンの超

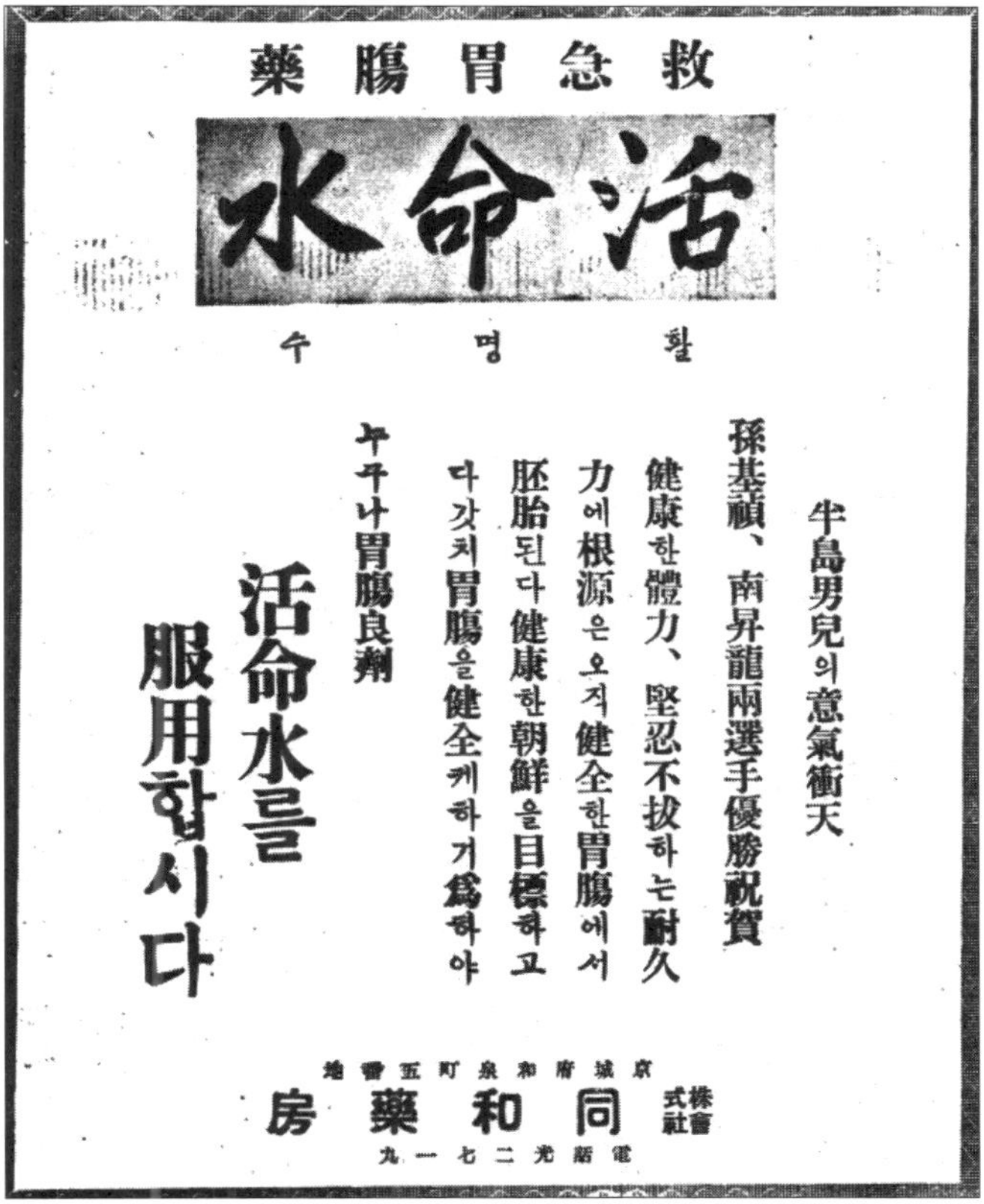

「孫基禎、南昇龍両選手優勝祝賀」。活命水（ファルミョンス）は120年の歴史を持ち現在も売られている韓国オリジナルの消化薬。（「朝鮮日報」1936年8月11日）

「マラソン三」（右）。鉄兜（?）を被ったランナーを子供たちが追いかけている。孫、南両選手のメダルは、半島の子供たちの間にランニングブームを巻き起こした。豊国製菓。左は森永キャラメル。（「朝鮮日報」1936年8月24日）

人、孫基禎選手は彼女の仲良しであった。グルネワルトの杜《もり》に二十四年待望の大日章旗を揚げて、大いに日本のために気を吐いた孫選手、こうなると彼女の鼻息は荒い。
「内地の方が勝つより私何倍か嬉《うれ》しいですわ。朝鮮生まれの人が全日本の為《た》めに働いたなんて、こんな愉快なことはありません」
「郷土愛だな」》

腫れものどころか、邦坊は少しも悪びれることもなく、孫基禎を「日本のために大いに気を吐いて」「待望の大日章旗を揚げて」くれたと称賛し、崔承喜も「内地の方が勝つより私何倍か嬉しいですわ」と同胞愛を隠そうともしない。むろん、2人とも東亜日報の日の丸事件はすでに承知のはずである。このあと、次期開催予定の東京オリンピック（1940年に予定されていた、いわゆる〝幻の東京五輪〟）の話題となり、崔が「私も走ろうかな」といい、邦坊は「なんなら、孫君と走ればいい」と返している。

おそらく、一般の日本人の反応は粗方《あらかた》こんなものだったのだろう。「日本代表」として大会を制した孫を素直に讃え、半島人がわがことのように孫の活躍を喜ぶ姿にも理解をしめす。思えば、そう不自然なことではない。

もちろん、漫画家である邦坊が、面白おかしくインタビューを脚色しているのはわかる。孫の優勝をラジオで知った崔は、思わず手にしていた卵を握りつぶした、とインタビューで語っているが、人間の、まして女性の手で鶏卵を握りつぶすことは不可能だろう。崔の「朝鮮生まれの人が全日本の為めに働いたなんて、こんな愉快なことはありません」も、「朝鮮出身者が日本選手の成し得なかった優勝を勝ち取ったことが誇らしい」と意訳可能だし、こちらのほうが真意に近いかもしれない。ちなみに和田邦坊は、百円札に火をつけて「どうだ明るくなっただろ」という成金の風刺漫画の作者といえば、ハハンと思われる読者も多いかもしれない。

これも余談だが、実は孫基禎、自ら「脚も速ければ舌の回りも速い」というほどに口の達者な人だったらしい。総督府の神経を逆なでした一連の彼の発言も、彼なりの毒舌、あるいは同胞半島人に対するリップ・サービスの類が含まれていたのかどうか、今となっては知るすべもない。

戦後、孫基禎は韓国の陸上競技会の重鎮として後進の指導にあたり、1948（昭和23年）のロンドン五輪、1952年（昭和27年）のヘルシンキ五輪には韓国チームの総監督として選手を率いている。その際、日本の陸上関係者とは日本語で旧交を温めたという。

孫基禎と崔承喜。そのバックストーリーゆえか、この時代の孫基禎の写真はどれも表情が硬く、このようにリラックスした笑顔は大変珍しい。

ベルリン五輪の記録映画にしてナチスドイツの宣伝映画『民族の祭典』（1938年）の監督レニ・リーフェンシュタール女史と再会。1956年。

「オリンピック戦士・孫南両君の世界制覇を祝賀しましょう」「朝鮮が生んだマラソン王を見習って森永キャラメルで大きく強くなろう」。孫基禎の金メダル獲得は大きな経済効果を生んだようだ。（「東亜日報」1936年8月19日）

広告でみる日韓併合の真実 column 02

表彰状、アンタはエラい！

あの時代、彼らも私たちも「日本人」だったのだ。
そして彼らも私たちも手を取り合って国難に立ち向かったのである。

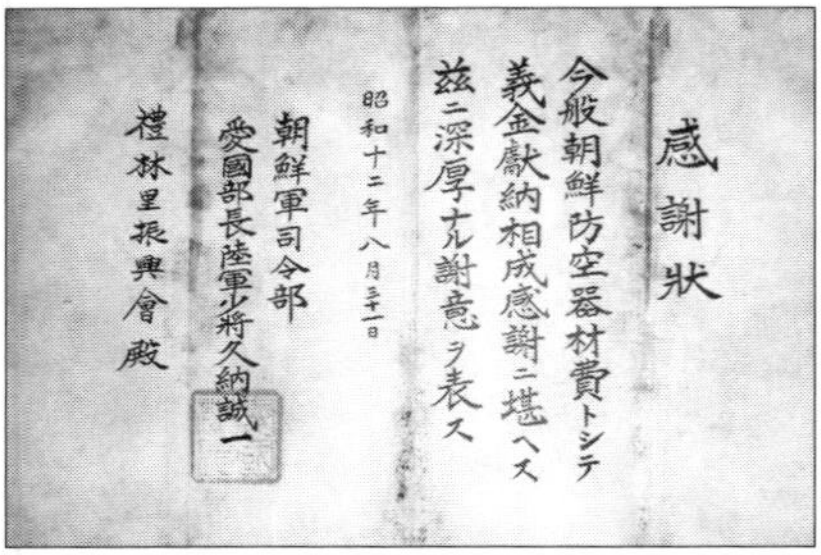

感謝状
今般朝鮮防空器材費トシテ
義金献納相成感謝ニ堪ヘス
茲ニ深厚ナル謝意ヲ表ス
昭和十二年八月三十一日
朝鮮軍司令部
愛國部長陸軍少將久納誠一
槿林里振興會殿

「槿林里振興會殿　朝鮮空防機材費トシテ義金献納相成」

感謝状
本會事業タル警察専用電話
架設ニ當リ金参百圓也ヲ寄附
援助相成タルニ對シ木盃壹組ヲ
贈呈シ以テ感謝ノ意ヲ表ス
昭和十二年八月一日
孫永穆
朴鍾烈殿

「金鐘烈殿　警察専用電話架設ニ當リ金参百圓也ヲ寄付」

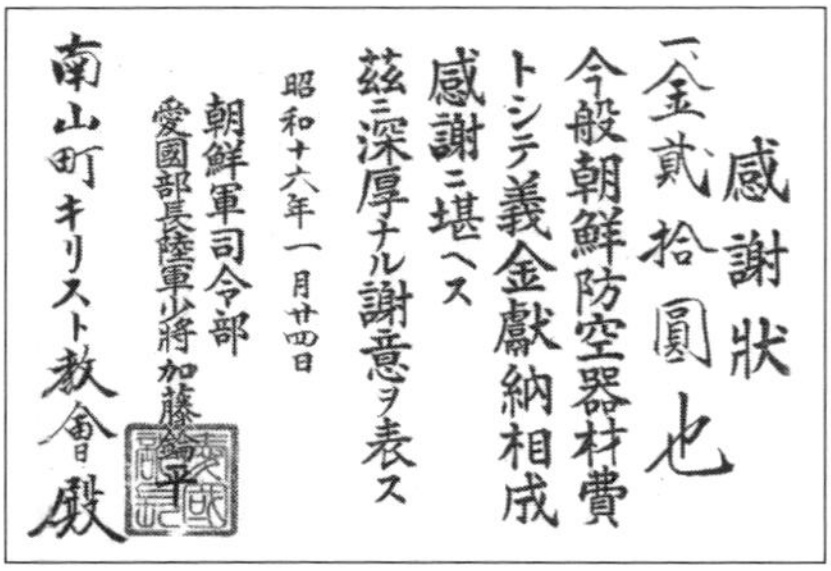

感謝狀
一金貳拾圓也
今般朝鮮防空器材費
トシテ義金獻納相成
感謝ニ堪ヘス
茲ニ深厚ナル謝意ヲ表ス
昭和十六年一月廿四日
朝鮮軍司令部
愛國部長陸軍少將加藤
南山町キリスト教會殿

「南山町キリスト教會殿　朝鮮空防機材費トシテ義金献納相成」

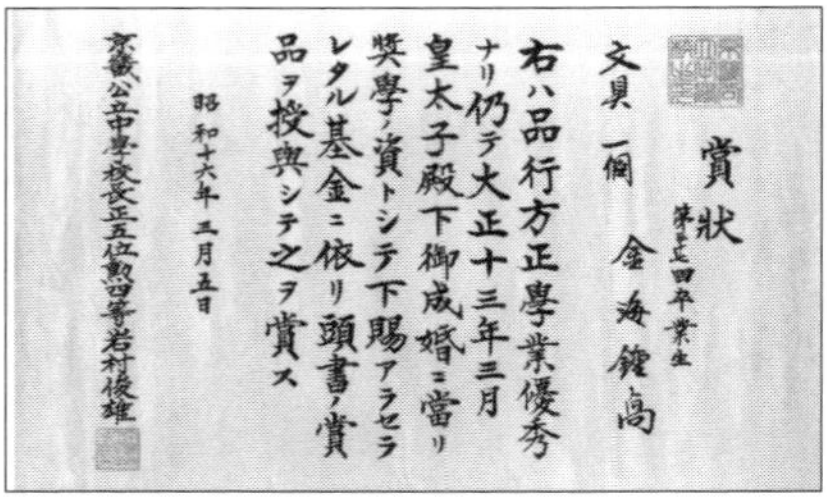

賞状
金海鍾高
文具　一個
右ハ品行方正學業優秀
ナリ仍テ大正十三年三月
皇太子殿下御成婚ニ當リ
奨學ノ資トシテ下賜アラセラ
レタル基金ニ依リ頭書ノ賞
品ヲ授與シテ之ヲ賞ス
昭和十六年三月五日
京畿公立中學校長正五位勲四等岩村俊雄

「金海鐘高　右ハ品行方正學業優秀ナリ」

女子挺身隊は、学業優秀、学校長の推薦、親の許可が必要であった。挺身隊に選ばれることはむしろ誉だったのだ。朝鮮女子の挺身隊は強制のない官斡旋に限られていた。

第3章

「女性」が輝く併合時代

併合時代、日本は文化の最先端であり、半島から多くの留学生がやってきて女子も少なくなかった。彼女たちは「新女性」というモダンガールの風俗流行を生み、職業婦人が登場し、女性解放運動が起るほど自由の空気に満ちていた

世界を虜にした半島の「舞姫」崔承喜

世界の芸術家に愛され、日本女性の憧れの的となり、多くの広告に笑顔を飾った併合時代最高の美神《ミューズ》

石川啄木を愛唱する少女

よく、タレントの人気や好感度を示すバロメーターとして、どれだけ多くのCMに出演しているかが挙げられる。テレビなどなかった戦前は、新聞や雑誌の企業広告がそれにあたるのではないか。併合時代、もっとも多くの広告に登場した朝鮮女性は？　と問われれば、「半島の舞姫」こと崔承喜《チェスンヒ》をおいて、はたして他に思い浮かぶ名前があるだろうか。

崔承喜。舞踏家・歌手。身長168センチの東洋人離れしたのびやかな肢体と神秘的な美貌《びぼう》、エキゾチックかつ可憐なダンスで、その名を日本ばかりでなく、広くアメリカ、南米、欧州にまで轟《とどろ》かせ、川端康成、ジャン・コクトー、パブロ・ピカソ、ロマン・ロランといった一流の芸術家たちに愛された文字どおりの国際的スターである。また、欧州仕込みの最新モードをさっそうと着こなす彼女は、若い女性にとってのファッション・リーダー的存在でもあった。

崔承喜は1911年（明治44年）、京城（江原道洪川《カンウォンドホンチョン》生まれ、という説もある）の没落両班（武班《ムバン》）の家に生まれている。

思春期を貧しさのなかで過ごした。名門淑明女学校での成績は優秀、特待生で卒業した。どこかはかなげなものが好きで、石川啄木を愛唱する少女だったという。

《人間は何のために生まれてきたのか、生活とはどういふものか、といふ考へも自《おの》ずから心のうちに湧いてくるのでした。不安な、はかない、まつ暗な行く手。しかし、さういふ恐ろしい気持や考へが強くなればなるほど、不

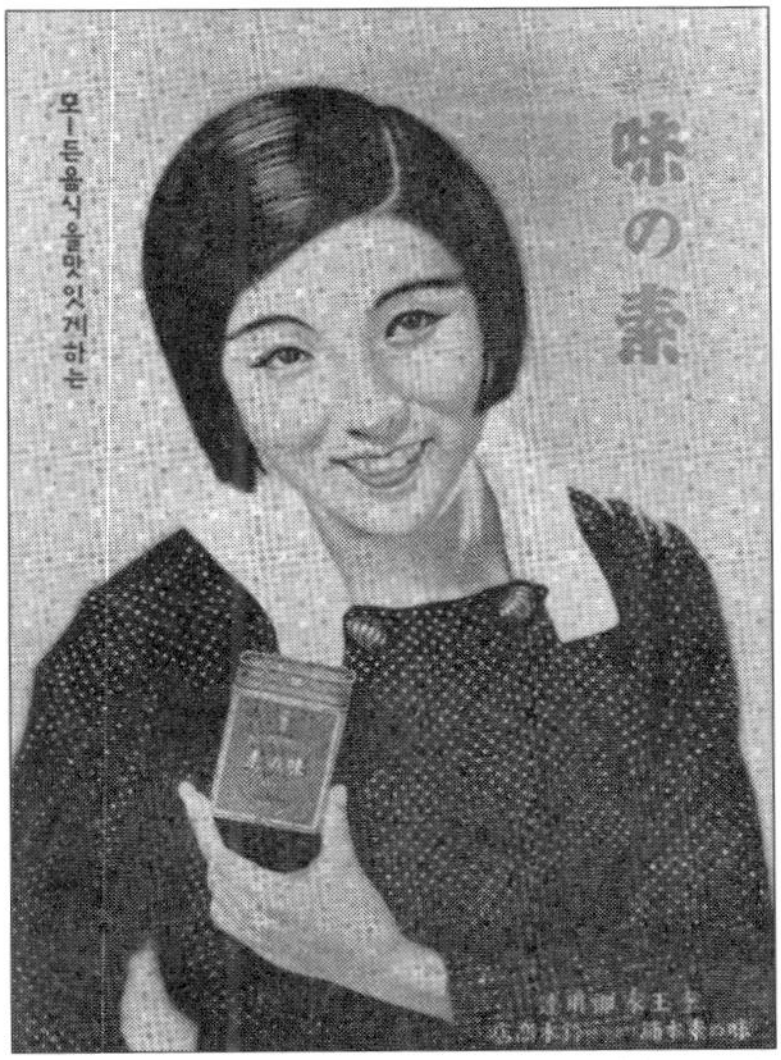

味の素の広告ではイラストで登場。あまり似ているとは思えないが。ここでもさりげなく「李王家御用達」の6文字が。

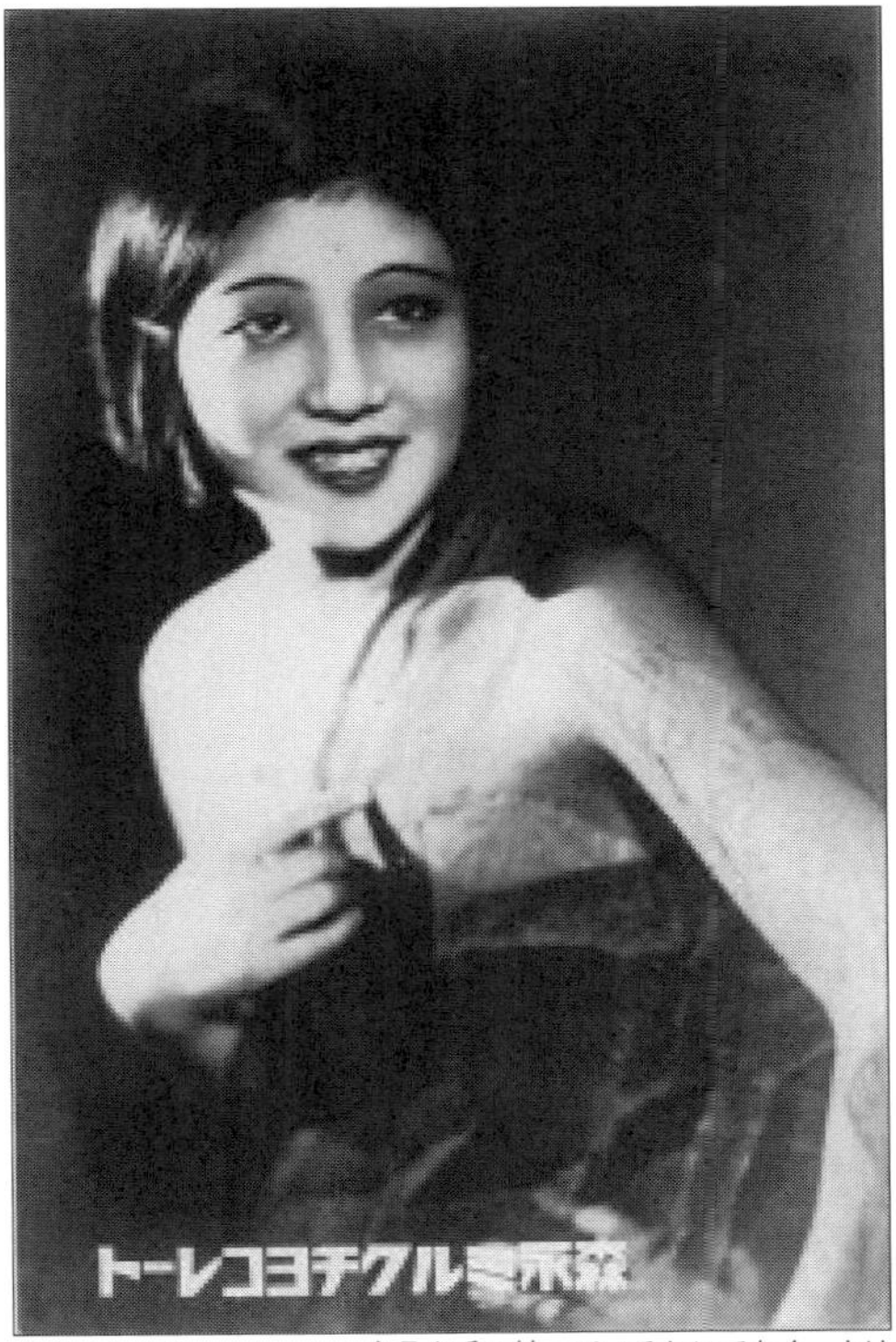

森永ミルクチョコレート。商品を手に持っているわけでなく、よけいなコピーがあるわけでなく、彼女の美貌そのもので広告が成り立っている。お菓子の広告ながらアダルトなムード。

明色美顔水。「新しい水白粉」とある。崔承喜のような白肌美人になりましょう、といったところか。彼女自身、普段の化粧は眉と唇を描く程度と語っていたが、それがみごとに崔承喜の顔を作っている。

昭和10年の「第2回新作舞踏発表会」の後ろ表紙はヘチマコロンの広告。よく見ると彼女、左右で瞳の大きさが微妙に違うのである。それが独特の蠱惑的で神秘的なまなざしを作っているのだろうか。

思議にも、それとは反対の、美しいもの、清らかなものに憧れる気持ちが、私の心のなかで、強く、強く成長するのでした。》（崔承喜「私の自叙伝～努力と涙の偽らぬ過去」婦人公論1935年6月号）。

日本モダン・バレエの始祖・石井漠に16歳で弟子入りし、単身内地へ渡っている。瞬く間に石井漠舞踊団の若きスターとなった。3年後の1929年（昭和4年）、承喜は一時、師の許を離れ、故郷・京城に小さな研究所を開いて指導をするかたわら、妓生の宴芸として細々と命脈を保っていた朝鮮の伝統舞踊の蒐集と研究にいそしむ。

東京で修業したモダンダンスと朝鮮古典舞踊の融合に自身の芸術の未来を見たのである。

帰郷から4年後、師と再会を期に再び石井門下となるまでの間、プロレタリア作家として活躍中の安漠《アンバク》と結婚、長女・勝子を設けている。今度は親子三人での内地入りとなった。ちなみに安漠は本名・安承弼《アンスンピル》。漠のペンネームは妻の恩師・石井漠をあやかってつけられた。勝子はのちの舞踏家・安聖姫《アンソンヒ》である。

1935年（昭和10年）独立し、崔承喜舞踊団を旗揚げする。ここからいよいよ、世界の承喜がスタートするのである。

欧米でも成功したモダンダンス

1937年（昭和12年）12月19日に日本を発ちアメリカへ。サンフランシスコを皮切りにLAを巡業し、ニューヨークで2度の公演を行っている。ニューヨークでは在米朝鮮人の独立派グループが彼女に接近、同胞のよしみで無碍《むげ》にもできなかった承喜だが、彼女の公演に日本の在外領事の後押しがあることに触れ、「崔承喜は日本帝国主義の手先」などと喧伝するいやがらせも受けた。公演が中止に追い込まれることもあり、活動の停止を余儀なくされた承喜はデッサンのモデルなどをして路銀の足しにしていたこともあったようだ。

1939年（昭和14年）はいよいよ欧州に活躍の場を移すことになる。その一歩をフランスで踏み出せたことは幸運だった。この国には芸術と政治を混同しない成熟した文化と審美眼があった。1月31日、クラシック・コンサートの殿堂といわれるパリのサル・プレイエル劇場をフルハウスにしての公演。ニューヨークでの経験もあって、念のため欧州では、公演パンフレットにはKOREAN DANCERあるいはCORÉENEと自ら銘打っているが、これは独立派ともパイプのあった安漠の助言によるところも大きいだろう。

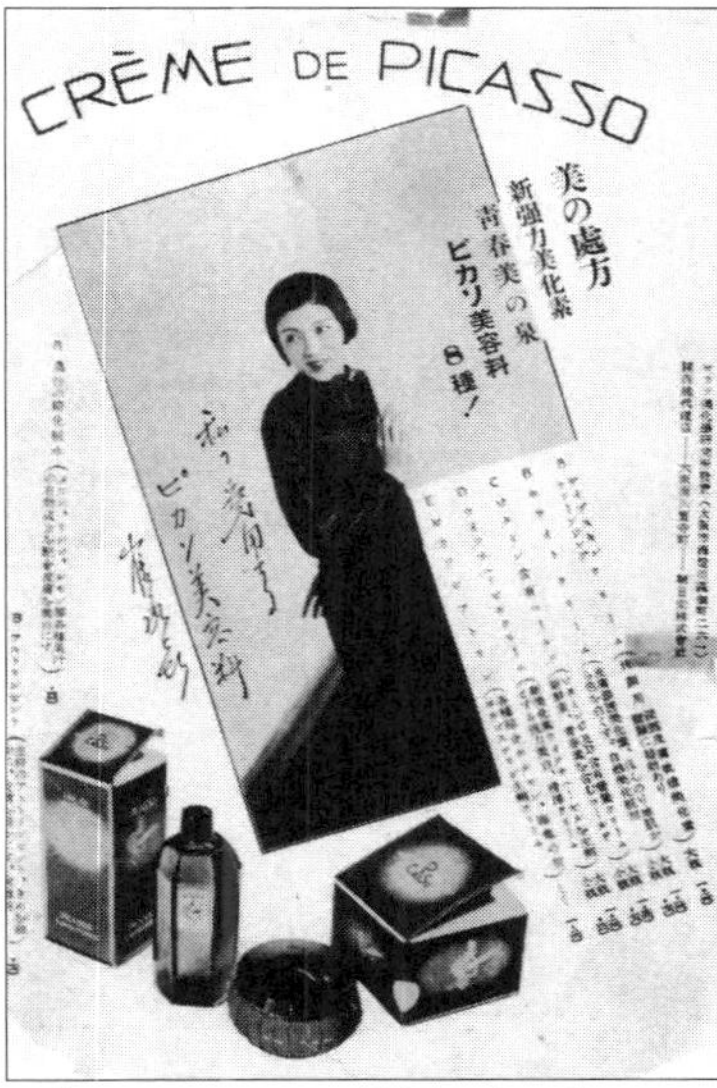

CRÈME DE PICASSO。洋行帰りをアピールしてか、フランス語表記がおしゃれ（?）。「私の愛用するピカソ美容料」という崔承喜の日本語の直筆もうれしい。

青函ビタオールは別名液体ポマード。洋髪専用の養毛整髪料だそうだ。つややかな黒髪もまた彼女のチャーム・ポイントの1つである。日英米仏伊専売特許とな。

半練の仁丹歯磨き。「粉散らず、香よし、味よし」。歯磨きの主流が粉からペーストへ移る過渡期ということか。まだチューブには入っていないようだ。

日刊紙フィガロ紙（2月6日付）はこの公演をこう評している。

《1938年12月24日、ル・アーブル港に到着したチェ・スンヒは、パリで「幼な夫」「菩薩ダンス」「アリラン」など朝鮮舞踊を中心に華やかな公演を繰り広げた。ピアノ、バイオリンの伴奏に加えて、ソヘグム（二胡）、カヤグム（琴）、テグム（横笛）などの朝鮮楽器を直接演奏していた。この日の公演は、定員2546席の会場が観客でいっぱいの大成功を収めた。最も人気を集めたのは「幼な夫」で、パリで一時、婦人の間に小型の草編み帽子（petit chapeau d' herbes）が流行ったほどだ。》

「幼な夫」（l'Enfantmarié）とあるのは崔承喜が古典から発掘し得意の演目としていた「草笠童《チョリプトン》」を指すものと思われる。草笠童とは子供用の帽子のことで、草笠童を被るような年齢で妻を娶《めと》らされる童子の様子を、ユーモアを交えて演じることで、高麗時代の早婚風習に対する皮肉にもなっている。

パリ公演を成功のうちに終えて、崔承喜一行はベルギーのブリュッセル、南仏のカンヌ、マルセイユ、スイスのジュネーブ、ローザンヌ、イタリアはミラノ、フィレンツェ、ローマを巡り、各地で好評を博し、8月中旬にはパリに戻った。コクトーに絶賛されたのはこの2度目のパリ公演で、また、当時仏留学中の周恩来《しゅうおんらい》も承喜のステージを見て虜になっている。その後も、オランダ、からスカンジナビアを巡りドイツ北部へのコースで計60回の公演が予定されていたが、ナチスドイツのポーランド侵攻が起こり不穏な空気に包まれたヨーロッパを急遽《きゅうきょ》離れることとなった。

マルセイユから日本に向かった船は戦争で航路を変更、途中パナマに立ち寄ることになり、ここで米国人のプロモーターに乞われ、ニューヨーク、シカゴ、ロスアンジエルス、そして海外ツアーの出発点となったサンフランシスコで公演を行う。NYタイムズの世界的な舞踊評論家であるジョン・マーティンは、崔承喜の公演を見て「女性の魅力そのもの」と評し、「崔承喜には日本の色、中国の身振り、朝鮮の線が一緒に流れている」と指摘した。さらに南米各地を回り全公演を終えて日本に帰ってきたのは、1940年（昭和15年）12月のことである。

北の闇に消えた永遠のプリマドンナ

帰国後も旺盛に公演を続け、1942年（昭和17年）は大陸への慰問で忙殺されるも、昭和1943年（昭和18年）8月には帝劇を借り切り舞踊の世界では世界でも前例のない25日間ロングラン公演を成功させている。

痛み止めの軟膏サロメチール。「さうした私たちにとって、サロメチールのあることは、この上もなしの救ひです。いえ、救い以上に生活の必需品です」。おそらく文章も本人によるものと思われる。

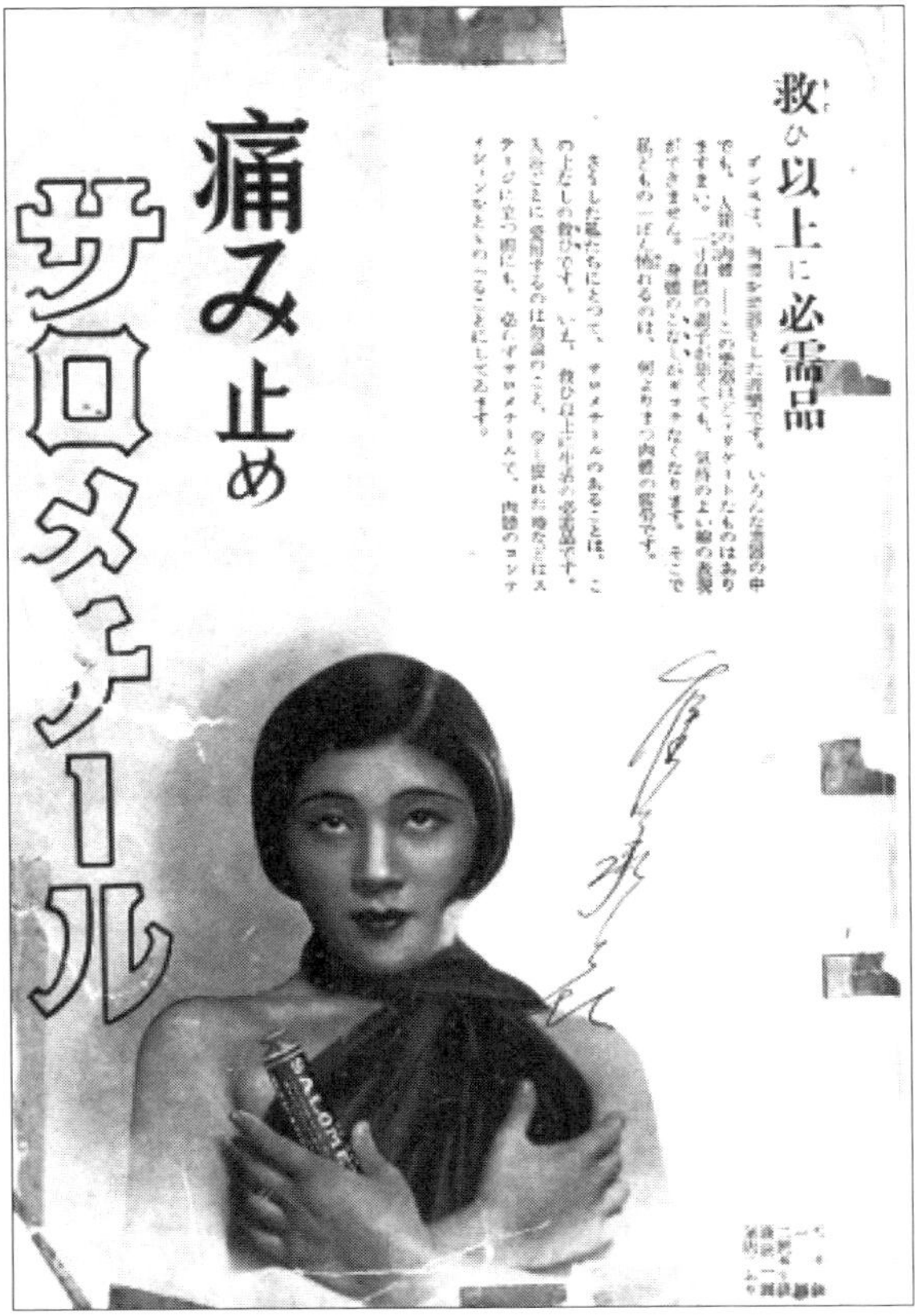

「踊りいいステージのやうに買ひ好い店だと彼女は申します」。このプロポーション、この着こなし！　羽子板から察するに新春セールだろうか。

1939年4月オランダ。右の女性が若林敏子（金敏子）と思われる。承喜の高弟で秘書兼付き人として公私にわたって彼女を支えた。

その後、東京杉並の永福町に洋風の私邸を兼ねた舞踊研究所を作り、研究を続けていたが、落ち着く間もなく、承喜夫妻は幼子と弟子たちを連れて再び大陸への慰問旅行へ出かけることになる（そして、これが第2の故郷日本との今生の別れとなった）。

1945年（昭和20年）8月、日本の敗戦を北京で知る。1946年（昭和21年）7月、一家はソウルに戻るが、日本軍への慰問行為があだとなり「親日派芸術家」のレッテルを貼られてしまうのである。一足先に平壌入りしていた夫、安漠にはもっと恐ろしい「共産主義者」の烙印《らくいん》が待っていた。同年7月、意を決した崔承喜一家は兄の家族や高弟を含む総勢13人で北朝鮮に渡るのである。

崔承喜の越北は金日成《キムイルソン》に歓迎され、大同江《デドンガン》のほとりには「崔承喜舞踊研究所」が設立された。安漠も代議士として迎えられ、労働党文化部長にまで出世している。1928年（昭和23年）秋には、17歳に成長した娘・勝子改め安聖姫がチェコスロバキアのプラハの芸術祭で舞踊部門のグランプリを獲得し母を大変よろこばせた。

1950年（昭和25年）、朝鮮動乱が勃発《ぼっぱつ》すると北朝鮮軍の慰問のため、聖姫を連れて陥落後のソウルに入る。そう、彼女の生まれ故郷の京城である。

しかし、金日成が本当の意味で「東洋の舞姫」崔承喜を必要としていたのはせいぜいこの時期までである。

1958年（昭和33年）夏、まず夫・安漠が突然の粛清にあい、地下鉄労働者に降格、翌年、不遇の死を迎えたという。そして、1967年（昭和42年）、崔承喜自身が投獄され、党の名簿からもその名は抹消されてしまうのである。一説によれば、画家に自分の肖像画を依頼したことが「個人的英雄主義」にあたると総括されたとのことだが、もとより理由などあまり大きな意味を持たない。残酷なのは、実娘の聖姫に母・承喜を批判させる社会主義一党独裁国家のやり方だ。その聖姫も弟・秉建《ビョンゴン》とともに、母を追うように消息を絶っているのである。

結果からいえば、崔承喜というダンサーが一番輝き、かつ幸福だったのは内地で暮らした15年につきるだろう。もし彼女が、北朝鮮に渡らず戦後も日本にとどまっていたら、当然運命は違っていたものになったであろうし、彼女の舞踊もさらなる進化を遂げていたはずである。戦前の多くの日本人に尊敬され愛された朝鮮人芸術家の存在は在日社会にとっても光明となっていたことだろう。そう考えるのも詮ないことか。

ダンス「エヘア・ノアラ」。巫堂（ムーダン）風の衣装をつけた承喜。外国で作ったブロマイドの復刻版のようで、vintage photos of burlesque dancersと書かれている。即興性の高い演目だったらしい。

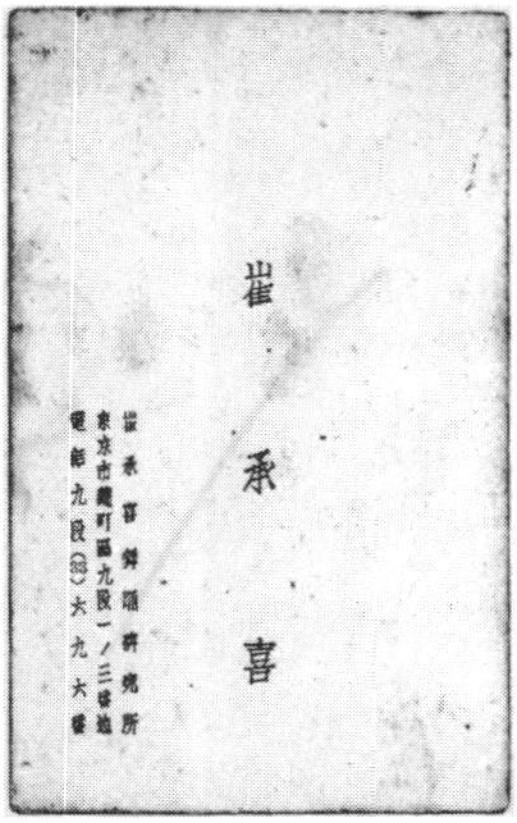

崔承喜の名刺。東京九段に舞踊研究所をオープンしたころのもの。

北朝鮮で後進の指導にあたる崔承喜。今世紀になって、ロシアのサンクトペテルブルク博物館で偶然発見された1枚。

スターの肖像　甦れレジェンド

欧州にモルガンの瞳あらば、東洋に崔承喜の瞳あり

1936年（昭和11年）、歌謡雑誌『ヒット』創刊号の表紙は崔承喜。やはり、イラストだと彼女の魅力があまり伝わらない。

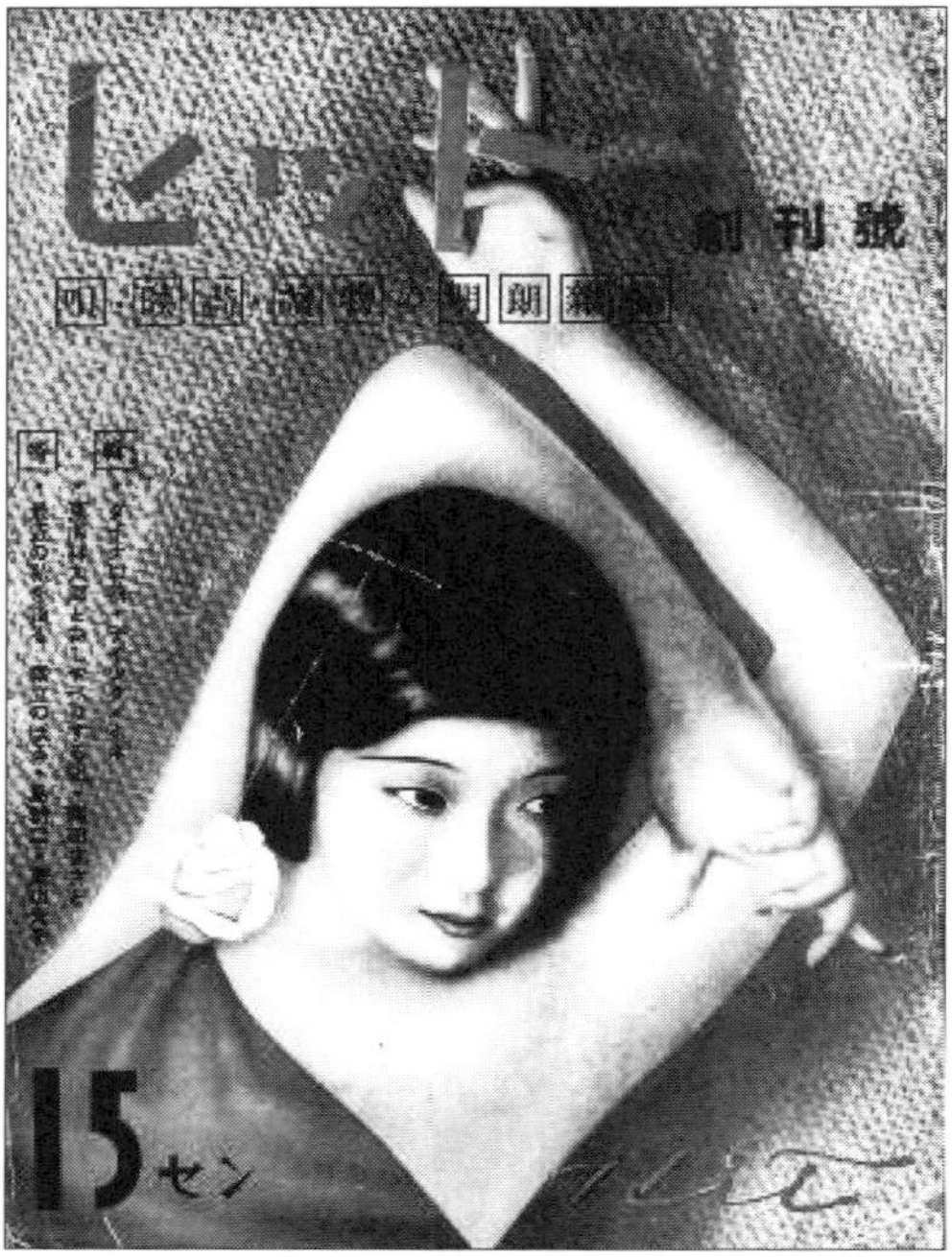

「萬人向けする軽快な流行型ブラウス」。ニットのモデル。「これは、崔承喜さんだけによく似合う…のではありません。どなたにも向く流行のスタイルです」という変則的な持ち上げ方が笑える。（『主婦之友』1936年９月号）

内地に来たばかりのころと思われる。内弟子となった承喜は石井漠夫妻に実の娘のように可愛がられた。

崔承喜とSKD（松竹歌劇団）の南里枝、当代人気2大ダンサーが最新水着モードで夢の競演。よく見ると、背景の浜辺は合成のようである。（『主婦之友』1937年日付未詳）

『大金剛山譜』の広告。映画の1シーンがよくわかる。むき出しの太腿は当時としてはかなり大胆ではなかったか。(「東亜日報」1938年1月26日)。

「ニューヨークタイムスに絶賛された」という速報。(「毎日新報」1938年2月23日)

崔承喜女史
米紙가絶讚!
『뉴욕』의 첫公演

【뉴-욕二十一일發同盟通信】구미로무용순회공연하고잇는 반도의무희 최승희(崔承喜)녀사는 二十일밤「뉴-욕」의「길드」극장에서 다수한 각가 신문기자와 무용비평가들을 초대하고서 첫공연을 하얏다 이에대하야「뉴-욕·헤랄드·트리쀼ㄴ」지는 二十一일지상에서 최승희녀사의 무용을 칭찬하고 다음과가티비평하엿다 「반도의방랑자」「아리랑이야기」「시골게집에와 고차」의 무용중에서「반도의방랑자」는 깨버운「유-모어」가「세리께ㅣ트」한표현파 합치(合致)하얏다 의상은 관객의눈을빼앗엇다

그리고「뉴-욕·타임스」지는 二十一일 지상에서 다음과가티비평하얏다

최승희녀사의 웃음업는얼굴에서는 관객을 붓드는힘이잇고 표현기술에이르러서는 저런게다듬은불유쾌한곳이업고 매우찬되엇다◇사진은 최승희녀사

海外公演時の新聞(紙名)の劇評。各地のメディアで絶賛された。

朝鮮楽劇団と「チョゴリ・シスターズ」——オーケーレコードの世界

キム・シスターズとチョゴリ・シスターズ、その間をつなぐものは？

アメリカで成功したキム・シスターズ

K－POP以前、アメリカでもっとも成功した韓国人ガールズ・グループといえば、キム・シスターズの名を挙げることに1ミリの異論もない。

彼女たちのアメリカでの活動期間は1959年（昭和34年）から1973年（昭和48年）までだが、やはり全盛時代は60年代で、その間、あの『エド・サリヴァン・ショー』に出演すること22回、62年には『チャーリー・ブラウン』でビルボード誌の6位にチャートインしているというからその実力は折り紙つきだ。彼女たちの強みは、歌のほかにダンスも堪能で、しかもギター、ドラムス、サックスから朝鮮琴、果てはバグパイプまで各自が20種類以上の楽器を使いこなすという高いパフォーマンス能力とショーマン・シップにある。メンバーは、キム・スクジャ（叔子?）、エジャ（愛子?）、ミンジャ（民子?）の3人。シスターズと名乗っているが、姉妹はスクジャとエジャで、ミンジャは姉妹の従妹である。

姉妹の母、李蘭影《イラニョン》も併合時代、『木浦の涙』（1935年）の大ヒット曲を持つ歌手だった。作曲は韓国歌謡の父といわれた孫牧人《ソンモギン》、作詞は公募だったという。この孫牧人は、戦後はしばらく日本と韓国を股《また》にかけて音楽活動を行っており、久我山明という日本名で書いたヒット曲にあの『カスバの女』（1955年）がある。

「金姉妹」誕生と蘭影の晩年

李蘭影にとっての戦後は、まさに苦難からの出発であった。併合時代に活躍した朝鮮人エンタティナーの多く

李蘭影。2016年には生誕100年を記念した催しが故郷・木浦で行われた。パク・ソダム主演で彼女の伝記映画も作られるという話も耳にしたが、今のところ完成したという話は届いていない。

ナショナル社製エレクトリック・ギターの広告に登場したキム・シスターズ。左よりSue（スクジャ）、Aija（エジャ）、Mia（ミンジャ）。ナショナルの他、リッケンバッカーやフェンダーも愛用した。

エド・サリヴァンとキム・シスターズ、そして中央にいる女性が李蘭影。まだ米国に人種的偏見の強かった時代、サリヴァンは黒人や東洋人のアーティストを積極的にゲストに呼んだ。日本からは坂本九やザ・ピーナッツが『エド・サリヴァン・ショー』に出演している。また、ビートルズの実質的な米国デビューも同番組だった。

がそうであるように、彼女もまた、戦時中の音楽活動を親日行為とみなされ、表舞台での活動が事実上困難になっていた。夫である歌手兼作曲家の金海松《キムヘソン》がＫＰＫ楽団を結成すると、プロデューサーとして縁の下からそれを支えようとするも、朝鮮戦争が勃発《ぼっぱつ》、混乱の最中、金海松は北朝鮮軍によって拉致されてしまうのだ。

４男３女を抱え残された彼女は、生活の糧《かて》をもとめて米駐留軍のキャンプめぐりの歌手となった。ところが、それもままならなくなるのである。当時の韓国では、身内が38度線を越えた者は、たとえそれが誘拐であっても、共産主義のスパイとみなされる風潮が根強かった。「赤色スパイ」が米軍に出入りできるわけなく、彼女はようやく見つけた職場からも締《し》め出されてしまうのである。

失意の彼女を救ったのは、スクジャとエイジャの２人の娘だった。以前、幕間《まくあい》の余興に、まだ幼かった姉妹をマイクの前に立たせて歌わせたところ、これが存外の大好評だったことを思い出した彼女は、兄で作曲家の李鳳《イボン》龍《ヨン》の娘ミンジャを加えた３姉妹の少女グループで売り出すことを思いつく。李鳳龍は幼くして父を失った蘭影にとって事実上の親代わりだった。娘を貸し出せという無茶な申し出に首を縦に振ったのも、可愛い妹のためと思えばこそだったのであろう。

朝、市場でリヤカーを引きながら、少しの暇《ひま》を見つけては３人の少女に歌や楽器のレッスンをつけるのが蘭影の日課となった。どんなに生活が苦しくても、夫の想い形見であるピアノだけは手放さなかったのは幸いだった。

《結成当初は練習が嫌いでした。外に出て遊びたいのに英語レコードをかけながら『覚えろ』というから。それで叔母は後ろにバナナを置いて、歌を全部歌えた人にだけ１つずつくれました。バナナを食べたいがためにがんばっていたように思います》（キム・ミンジャの回想「中央日報」２０１７年1月23日）

１９５３年（昭和28年）５月、米第8軍のステージでキム・シスターズが正式デビュー。キャンプ回りで腕を磨《みが》いたシスターズはやがてプロデューサーのトム・ボールに見い出され、ショー・ビジネスの本場アメリカ行きのチケットを手にするのである。その後の活躍は先に記したとおり。彼女らのレコードはまずアメリカで発売され、次いで韓国でリリースされるという、文字どおりの逆輸入スターだった。

李蘭影はシスターズに続いて息子３人にキム・ブラザーズを組ませ、これもアメリカに送っている。１９６２年（昭和37年）には子供たちの招きで渡米、キム・ファミリーとして娘、息子と共演も果たすが、アメリカの水

金海松。東洋大学法学部卒。朝鮮歌謡にジャズを導入した功績は大きい。ハング(コミックソング)を得意とした。ご覧のとおりのイケメンで、金綾子との不倫関係は妻・李蘭影を大いに悩ませた。拉致後の消息は不明。親日人名辞典音楽部門に名がある。

孫牧人。朝鮮大衆歌謡の父。戦後日本で使用した「久我山明」のPNは当時住んでいた東京杉並区久我山から。『カスバ』でコンビを組んだ作詞家・大高ひさをは世田谷区松原在住で同じ沿線だった。1999年、東京で客死。戦中の軍歌作曲で親日派リスト入り。

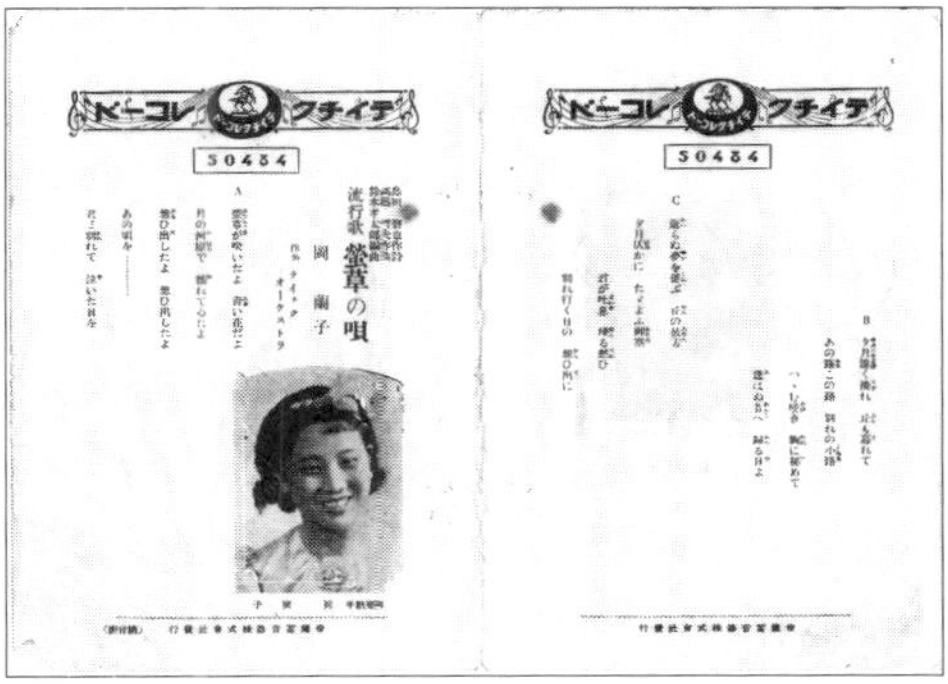

岡蘭子(李蘭影)。まだあどけなさが残る。岡蘭子名義でさしたるヒットがなかったのは、彼女にとってプラスだったのかマイナスだったのか……。他に「岡田蘭子」とも名乗ったようだ。

李哲と玄松子。運命の出会いは教会だった。当時、松子は官僚・尹致旿(ユン・チオ)の妻。李哲は日本留学から帰ったばかりで無名の存在であった。2人の関係は世間の知れるところとなり、松子は離縁され教会からも追われた。松子は伊藤博文の養女だった裵貞子の次女。

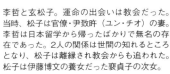

は合わなかったのか、1年ほどで帰国している。帰国後は、子供たちの活躍の便りに目を細めながらもなぜか酒浸りの生活に陥り、シスターズが人気絶頂期の1965年（昭和40年）4月、蘭影はソウルの自宅で寂しく死を迎えるのである。一説によれば、夫の拉致後、長らく内縁関係にあった歌手・南仁樹《ナンインス》との死別を機に彼女の情緒はだんだんと不安定になっていったという。

朝鮮人による初のレコード会社オーケー

さて、キム・シスターズをして、韓国のガールズ・グループ第1号とする記述を韓国側の資料にも多く見る。それは間違いではないが、ある意味正解ともいえない、併合時代にオーケーレコード所属のチョゴリ・シスターズという半島女性だけの音楽グループが活躍し、内地でも人気を誇っていたからだ。そのチョゴリ・シスターズの中心的メンバーだったのが、李蘭影その人なのであった。つまり、キム・シスターズはチョゴリ・シスターズの遺伝子を引き継いだグループなのである。

チョゴリ・シスターズ、そしてその母体ともいえる朝鮮楽劇団について語るには、まずオーケーレコードについて触れなければいけないだろう。

オーケーレコードは1933年（昭和8年）、テイチクが現地資本との合弁で設立したレコード会社である。社長には作詞作曲家でトランペット奏者であった李哲《イチョル》がついた。同社はテイチク傘下ではあるが、朝鮮人社長による最初のレコード会社として朝鮮音楽史に1ページを刻んでいる。

オーケーレコードには多くの才能ある音楽家が集まった。作曲家では、先にも触れた孫牧人、金海松《キムヘソン》、李鳳龍。歌手では『哀愁の小夜曲《セレナーデ》』のヒットで知られる南仁樹《ナムインス》、それに『異郷』の高福壽《コボクス》、『涙に濡れた豆満江』の金貞九《キムジョング》、『連絡船は出て行く』の張世貞《チャンセジョン》、他に李花子《イファジャ》、朴響林《パクヒャンリム》、金貞淑《キムジョンスク》、そして李蘭影。

面白いエピソードがある。『木浦の涙』ヒットとほぼ時期を同じくして、オーケーレコードから三又悦《サムウヨル》なる男性歌手が、朝鮮語によるジャズ・ナンバーのレコードを数枚リリースしスマッシュ・ヒットを上げていた。正体は『ダイナ』『旅姿三人男』などで知られるテイチク所属の歌手・ディック・ミネである。ミネは本名・三根徳一という生粋の日本人。ミネはもともと朝鮮語が得意で、細かいイントネーションは音符に直して覚えたという。

一世を風靡した朝鮮楽劇団とチョゴリ・シスターズ

設立当時のオーケーレコード本社。この商店を改築した平屋建ての建物から半島エンタメの歴史が始まった。前列、左から3番目の長身の男が李哲、その隣が玄松子と思われる。

朝鮮楽劇団公演チラシ（1943年）。「二月劈頭（へきとう）異色萬花の大実演」「総勢八十余名が朝鮮舞台芸術の最高峰を築く待望の実演！」。劇場名は書いてないが映画『戦ひの街』の上映とのカップリングとなると、松竹系の劇場であろう。

朝鮮楽劇団とC･M･Cのステージ風景。タクトを振るのは孫牧人か。女子はフラフープ（？）を持っている。三井炭鉱史によれば、炭鉱で働く朝鮮人鉱夫とその家族の慰問のため、三井砂川町共愛会が朝鮮楽劇団を呼んで公演を開いたとある（1941年9月）

李哲は、オーケーレコード所属のアーティストを半島だけのスターにとどめておく気はなかった。さらにいうなら、朝鮮歌謡を半島の中に閉じ込めておくのではなく、ひろく内地の人間に知らしめたいという野望を持っていた。

その価値大いにありと確信していたのである。所属歌手を中心に総勢50余人の楽団を組み、オーケーグランドショーという名称で朝鮮各地を公演、その勢いに乗って、1939年（昭和14年）には念願の日本公演を果たしている。この際にオーケーグランドショーを朝鮮楽劇団と改称。「朝鮮」を前面に出したほうが興行的に有利という名プロデューサー・李哲の判断だった。

興行は東京浅草の花月劇場からスタート、全国を巡った。行く先々で好評を博し、李哲の思惑を的中させている。ことエンタメの世界では「朝鮮」「半島」はハンディではなく、武器であったのである。

都新聞の文芸記者・定本政治のレビューを紹介しておく。

《半島で、代表的な音楽舞踊団と言はれている「朝鮮楽劇団」のメンバーはオーケーレコード（テイチク朝鮮語盤）の専属歌手達を中心に、これにC・M・C（朝鮮ミュジカルクラブバンド）を加へた三十余名である。先づ李蘭影・張世貞等の声の美しさに惹かれるが、この揃っている女性陣の中では妓生だと言ふ李花子の『金剛山牧童』が地方調を豊かに出して実にいいものである。男性の方でも金貞九、南仁樹等達者連が堪能させるが、このうち金貞九の『私、夜店のワンタン屋』は殊に軽妙なもので素晴らしいヴォドビリアンたるを思はせる。この外舞踊はその何れもが半島調を示している。》（「東洋グランドショウ」プログラム収録。1940年）

公演は、歌あり、踊りあり、寸劇あり、笑いありの、ショーボート形式である。朝鮮舞踊やトロットなど、随所に半島らしさが織り込まれているのは、李哲のポリシーであり、「朝鮮」楽劇団たるゆえんだった。ミュージカル仕立ての寸劇も『春香伝』や『李秀一と沈順愛』『善花公主』など朝鮮の人になじみ深いものばかりである。うち、『李秀一と沈順愛』は、実は尾崎紅葉の『金色夜叉』の朝鮮版翻案（『長恨夢』）。秀一《スイル》が貫一、順愛《スンエ》がお宮というわけで、日本人観客にもすんなり受け入れられたことだろう。

1939年（昭和14年）公開の東宝映画『思いつき夫人』（監督・斎藤寅次郎／主演・竹久千恵子）のキャストに、セルゲイ・シュワイコフスキー率いるハルビン交響楽団と並んでC・M・Cと朝鮮楽劇団（李蘭影、高福

1939年、内地公演の際、皇居を訪問したチョゴリ・シスターズの面々。左から洪清子、王淑南、朴響林、李蘭影、ひとりおいて金綾子、張世貞、李花子。こうみると李蘭影の美貌はひとつ抜きんでている。今でいうところのセンター的存在。

チョゴリシスターを擽る
松井翠聲

「チョゴリシスターを擽(くすぐ)る」。(雑誌名不明)。当代の人気漫談家・松井翠声がチョゴリ・シスターズの楽屋を訪ねインタビューを試みる。美女に囲まれ、どうも擽られているのは翠声のようだ。

チョゴリ・シスターズと金貞九。金はオーケー時代はハング(併合時代に流行ったコミックソングの形態)歌手として内地でも人気があった。70過ぎまで現役を続け、1998年に米国で死去。産経新聞の黒田勝弘氏が最も愛した韓国懐メロ歌手。

壽、南仁樹、金貞九、李花子、金貞淑）のクレジットが見える。もし、フィルムが現存していれば、動く朝鮮楽劇団が見られる貴重な資料となろう。

　さて、この朝鮮楽劇団の最大のスターがチョゴリ・シスターズなのであった。正確にいえば、楽団の女性歌手の選抜部隊といってよく、長女役の李蘭影を筆頭に、張世貞《チャンセジョン》、洪清子《ファンチンジャ》を固定メンバーとして、これに李花子や朴響林、金貞淑、金綾子《キムヌンジャ》、李秀子《イスジャ》らが入れ替わりで加わって常時5〜7人でパフォーマンスを披露していたらしい。

　うち、洪清子は吉本興業で子役として育ち、李秀子はＯＳＫ（大阪松竹歌劇団）出身、ともに日本での芸能活動の経験の持ち主であるのも心強かった。

　メインの出し物は、なんといっても色鮮やかなチョゴリに身を包んでの朝鮮舞踊と歌だが、洋舞やジャズダンス、各種楽器もこなした。金綾子はタップを得意としていたという。李蘭影はここでの体験で得た糧のすべてをキム・シスターズに叩き込んだのである。

　チョゴリ・シスターズは公演専用のグループだったためか、音源が残されていないといわれているが、もしかしたら、『思いつき夫人』のフィルムの中に彼女たちのショーの片鱗が映っているかもしれないと思うと、かえすがえすも倉庫に無事な形で保存されていることを祈るばかりである。

　栄華を誇ったオーケーレコードだが、１９４４年（昭和19年）、李哲が急逝するとほどなく活動を停止する。カリスマ社長・李哲の死はそのままオーケー帝国の死を意味していた。チョゴリ・シスターズのその後も寂しいものがある。

　李蘭影の晩年は先に記したとおり。洪清子や李花子は麻薬に溺《おぼ》れ、李哲の愛人だった帳世貞は彼の忘れ形見を抱えて細々と歌手を続け、最後は精神を病み米国で客死している。

　チョゴリ・シスターズのその呪われた遺伝子だけは、娘キム・シスターズに受け継がれなかったことは幸いというしかない。

洪清子の阿片不法所持による逮捕を伝える「東亜日報」(1957年7月28日)(上)。常習らしく、翌年に再び捕まり病院送りになった(1958年4月12日)。「阿片中毒者」という見出しが生々しい。薬代欲しさにか、街娼にまで身を堕としていたという。

張世貞。李哲の愛人だったといわれている。彼女の最大のヒット曲『連絡船は出ていく』(作曲・金海松)は戦後、『連絡船の唄』というタイトルで日本語カヴァーされた。日本語歌詞は孫牧人の盟友・大高ひさを。

チョゴリ・シスターズの末っ子役・李花子。彼女もまた晩年は禁断の快楽に身をゆだねた。ソウルの鐘路団成社裏通りのアパートの部屋に閉じこもり日がな阿片の夢に遊んだという。その姿は30代前半にして老婆のようだったとも。

大ヒットした「死の讃美」と情死ブーム

文化の爛熟期に流行る「自殺・情死」は半島でも起きていた

玄海灘に入水自殺した デカダンの華・尹心徳

　併合時代の朝鮮エンタメの歌手の中でもっともデカダンの香りを漂わせていたのは、尹心徳《ユンシンドク》であろう。彼女が1926年（大正15年）に発表した、その名も『死の讃美』というレコードは黎明《れいめい》期の朝鮮歌謡界にあって20万枚の大ヒットを記録している。メロディはヨシフ・イヴァノヴィチの『ドナウ河のさざ波』のAメロをそのまま借用。作詞は不明となっているが、おそらくは尹心徳自身によるものだろう。

〽荒れた広野を　駆ける人生よ　あなたはどこへ行くのか／寂しい世の中　険悪な苦海に　あなたは何を探そうというのか／涙でできたこの世の中　私が死ねば　それまでだ／幸福を探す人生よ　あなたが探すのはただ悲しみ／笑うあの花と鳴くあの鳥たち　その運命もみなひとつ／生に熱中した哀れな人生よ　刃の上で踊りを踊るがいい／涙となったこの世の中　私が死ねば　それまでだ

　この曲のヒットの最大の要因は、歌唱した尹心徳自身がレコーディング直後に、妻子ある劇作家金佑鎮《キムウジン》と玄界灘に入水心中してしまったということが大きい。当初、彼女はこの曲を吹き込む予定はなかったが、ある日、突然思いついたように譜面を持ってスタジオに入ってきたという。レコードは彼女の死後に発売されることになったが、誰もがこの曲を彼女の〝遺書〟であると認識したし、商魂たくましいレコード会社も半ばそのように宣伝してゴシップ好きの琴線を刺激した。

文化の爛熟と自殺への誘惑

金佑鎮。早稲田大学で戯曲を学ぶ。色白の長身、秀でた額が特徴の美青年で、モテたらしく木浦に妻子を残しているほか、尹心徳と出会ったころには日本人看護婦の恋人もいたという。一方の心徳は好き嫌いのはっきりした性格で独占欲が強かった。

尹心徳。上野の音楽学校の卒業記念で『人形の家』のノラを好演、帝国劇場からスカウトの声がかかるほどだった。イタリア留学を夢見ていたが、経済的な理由で断念。有島武郎と波多野秋子の心中に衝撃を受けていたという。

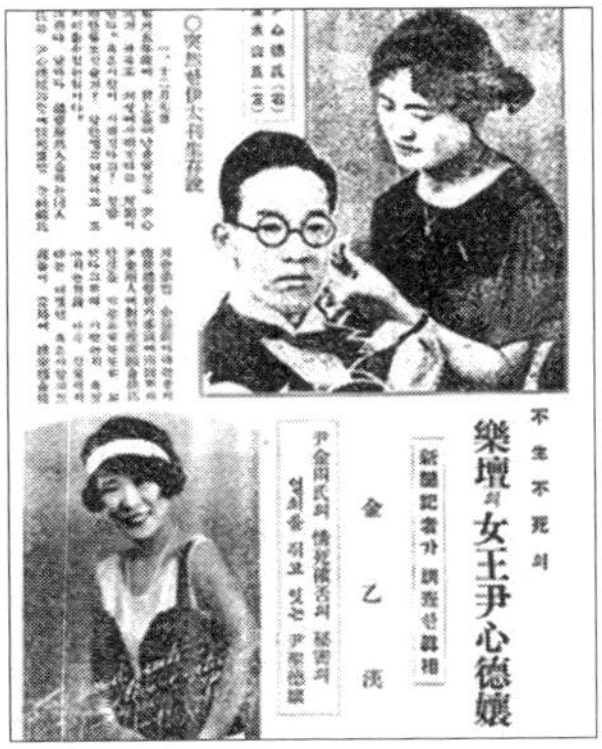

ふたりの遺体は玄界灘に呑み込まれ結局発見されず。そのことがいろいろな憶測を呼んだ。実は尹心徳は生存していて、憧れのイタリアで音楽を学んでいる、という噂を紹介した雑誌『三千里』（1931年1月号）の記事。

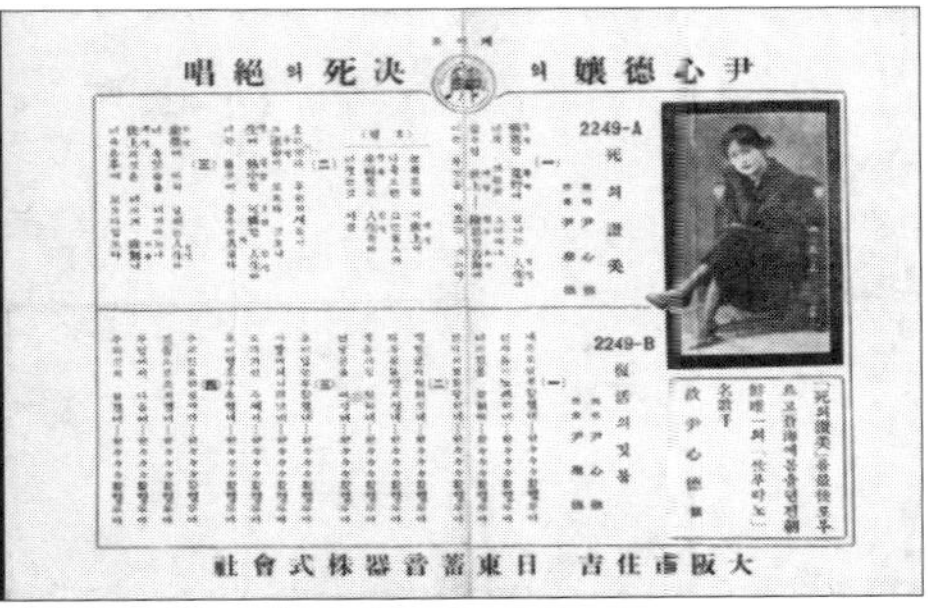

『死の讃美』。「尹心徳嬢の決死の絶唱」というコピーが。

尹心徳と金佑鎮の心中事件は時代のムードと無縁ではなかろう。大正から昭和初期にかけてのエロ・グロ・ナンセンスの自由な風潮の中に、第1次大戦後のヨーロッパに蔓延《まんえん》していた退廃的で虚無的な空気が少し遅れる形で日本にも入ってきた。文芸の世界では自然主義から耽美《たんび》主義へと主流が移り、前衛運動もまっさかりであった。また、極右極左入り乱れてのテロルの時代の幕開けでもあった。要するに刹那《せつな》的で享楽的なムードが世の中を覆っていたのだ。官能と死の一致は文化の爛熟《らんじゅく》期にこそ起きる。近松の心中ものが人気を博したのは元禄から享保年間だった。大正から昭和初期にかけてのベル・エポックは、ちょっとした情死（心中）ブームがあった。

1921年（大正10年）11月、絶対自由主義の哲学者・野村隈畔《わいはん》が愛人と江戸川に入水、1923年（大正12年）6月には作家・有島武郎と編集者で人妻だった波多野秋子の名だたる軽井沢心中、1925年（大正14年）には北里柴三郎博士の長男が芸妓と情死騒動を起こし、長男は命を取り留めたものの、女は死亡している。1930年（昭和5年）は、作家・太宰治が最初の情死騒動。こちらも男（太宰）だけが助かっている。1932年（昭和7年）5月には、「天国に結ぶ恋」「ふたりの恋は清かった」と謳《うた》われる有名な坂田山心中が起きている。これは、プラトニックラブの果ての心中（事実は違っていたが）ということで、歌に映画に過分に美化され、そのために多くの模倣者を出した。

情死、単独自殺問わず、この時代の自殺者の顕著な傾向は、多くが若者で、男女ともに高等教育を受けた者たちということだった。哲学者気取りのハムレット君は厭世《えんせい》自殺、詩人くずれのウェルテル君は失恋自殺、悩めるロミオとジュリエットは情死と、自死は文系オタクなインテリのステータスのようなものだったのである。まさに「死の讃美」そのものだったのだ。

大きな話題になった同性愛者の心中事件

こういった内地の情死や厭世自殺ブームは、流感のようにすぐさま半島にも広まった。言い換えるなら併合も十数年を経て、半島も文化の爛熟を享受していたということである。

1931年（昭和6年）1月には、女流歌人・朴貞珍《パクジャンヂン》が東京の下宿で服毒死する事件があった。朴は東京女子高等師範学校に学ぶ身だった。彼女は早大生L（とだけ当時の新聞記事には記されているが、たぶん、内地留学の朝鮮人学生）という恋人がいたが、2人の結婚が叶わ

康明花。美貌の上、書画雅曲に才をもつ名月館のスターで、彼女のために散財を惜しまぬお大尽も多かったが、決して金では転ばなかったという。張との関係をからかう留学生仲間の前で絶指してみせ、愛の証を示したともいわれている。

康明花の自殺を報じる新聞記事。妓生との同棲が父の知ることになり、仕送りを止められた張青年の暮らしは困窮していたという。(「東亜日報」1923年6月15日)

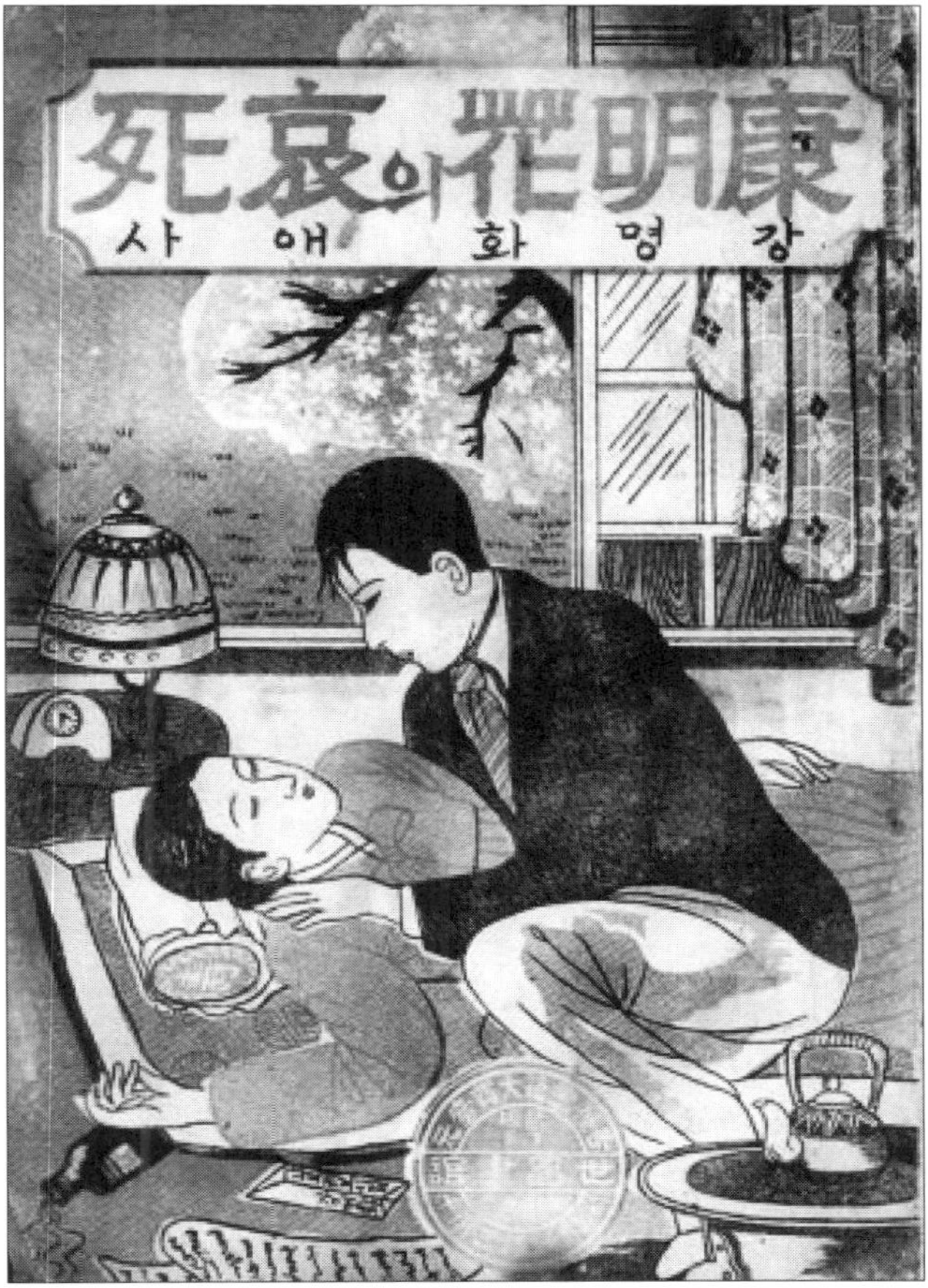

この時期、朝鮮の若者の感涙を絞った通俗小説『康明花の哀史』。妓生康明花が両班出身の張青年との禁じられた恋を服毒で清算する。数か月後、張青年も後を追った。実話をもとにしている。

陽春을등진두女性
同性戀愛로鐵道自殺
洪博士의令嬢과、沈飛行士의妻
昨日永登浦驛附近서

「同性恋愛と鉄道自殺」「洪博士の令嬢に沈飛行士の妻」。鉄道自殺の現場ほど凄惨なものはない。他の報道によれば、遺体はほとんど身元がわからない状態だったようだ。遺された靴と写真が頼りだったという。(「朝鮮日報」1931年4月10日)

ぬと知っての失恋自殺だった。

・思ふまじと思ひて　又思ふ　かの君や　今　如何に

（朴貞珍の辞世）

同じく１９３１年の４月８日。京城の永登浦駅《ヨンドンポ》で女性ふたりが固く手を握って、走りくる列車に飛び込んで轢死《れきし》を遂げた。２人が同性愛の関係であったこと、ともに名家の令嬢で、片方は人妻であったことなどで、当時、この心中事件は大きな話題を撒いた。

心中劇の２人の主役のうち、１人は、医学博士・洪錫厚《ホンチュソク》の娘・洪玉任《ホンオギョム》21歳。ちなみに洪玉任の叔父は、『鳳仙花』の作曲者として知られる音楽家の洪蘭坡《ホンナンパ》である。もう１人は大手出版社社長を父にもつ金栄珠《キムヨンジュ》19歳で、栄珠は心中当時、予備飛行士・沈錫盆《シムチュソク》の夫人であった。２人は女学校時代のルームメイトで、いわゆる同性愛の関係にあったという。

この事件をもっとも熱心に取り上げたのは朝鮮日報で、「鉄路の露となった二輪の勿忘草」という感傷的なタイトルで、５回にわたって特集記事を組んでいる。記事の中で何人かの識者の声を拾っているので紹介すると、たとえば、淑明《スンミョン》女子高校教師の金永煥《キムヨンファン》は「ふたりの死は自己中心的」と斬って捨てたかと思えば、梨花女子堂の金昌済《キムチャンジェ》は「賛美はできないが、一方的な攻撃は間違っている」と一定の同情を示している。当時、内地でも女学生の間では女子の同性愛関係をエス（sisterが語源といわれている）と呼んで、特段異常視することもなかった。戦前のほうがむしろ同性愛には寛容かつオープンな雰囲気があったのである。

朝鮮では、さらに進んでいて、雑誌『別乾坤《ビョルゴンゴン》』１９３０年11月号が「女流名士の同性愛記」という特集を組み、女性活動家でジャーナリストの黄信徳《ファンシンドク》、李光洙《イグァンス》の妻で女医の許英粛《ホヨンスク》、キリスト教伝道師で女性活動家、医師でもあった李トクヨウなどそうそうたるインテリ女性たちが写真入りで自身の同性愛体験を激白するほどだった。むろん、その告白によって彼女たちのキャリアに傷がつくようなこともなかった。

洪玉任と金栄珠の鉄道心中の翌月の１９３１年５月５日付の朝鮮日報には、李蘇吉《イソンギル》と金炳星《キムビョンソン》という、ともに二十歳のゲイのカップルが安東《アンドン》県錦江の公園で服毒心中したという事件が報じられている。服毒に使われたのは阿片だという。

洪玉任と金栄珠。死の直前に撮られたもの。まっすぐ前を見据えるその表情に何か固い決意のようなものを感じるが。

洪蘭坡。東京音楽学校予科に学ぶ。彼もまた3・1運動の挫折組だ。名曲『鳳仙花』は祖国喪失の悲しみが歌われているという。『死の讃美』の編曲も彼である。

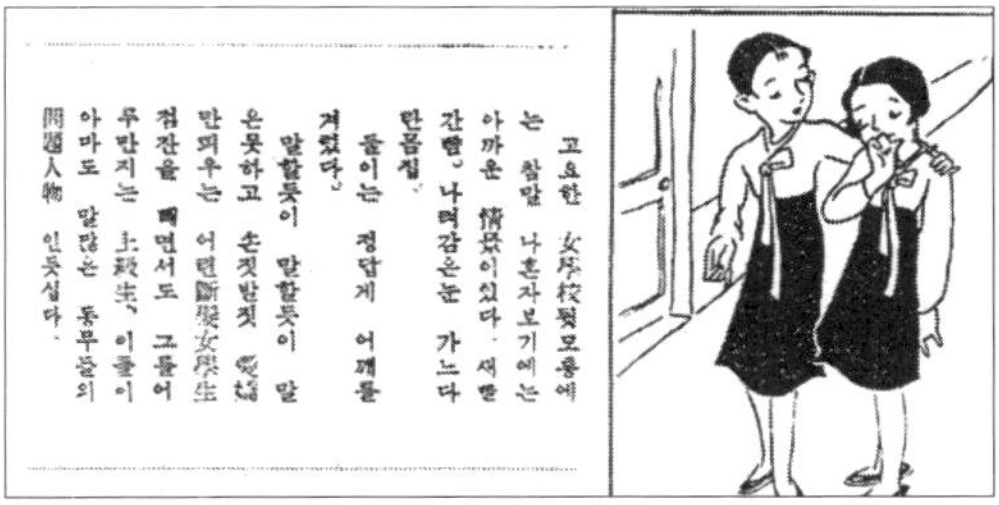

고요한 女學校뒷모퉁에
는 참말 나혼자보기에는
아까운 情景이었다. 새빨
간혀" 나려감은눈 가느다
란몸집.
둘이는 정답게 어깨를
겨렀다."
말할듯이 말할듯이 말
은못하고 손짓발짓 愛撫
만퍼우는 어떤斷髮女學生
점잔을 빼면서도 그들어
루만지는 上級生, 이들이
아마도 말많은 동무들의
問題人物 인듯십다.

近年、断髪女学生（断髪は当時の朝鮮女性の先端）の間では同性愛が流行っているという街ネタ記事。多くは上級生と下級生の間柄だという。（『女性』1937年7月号）

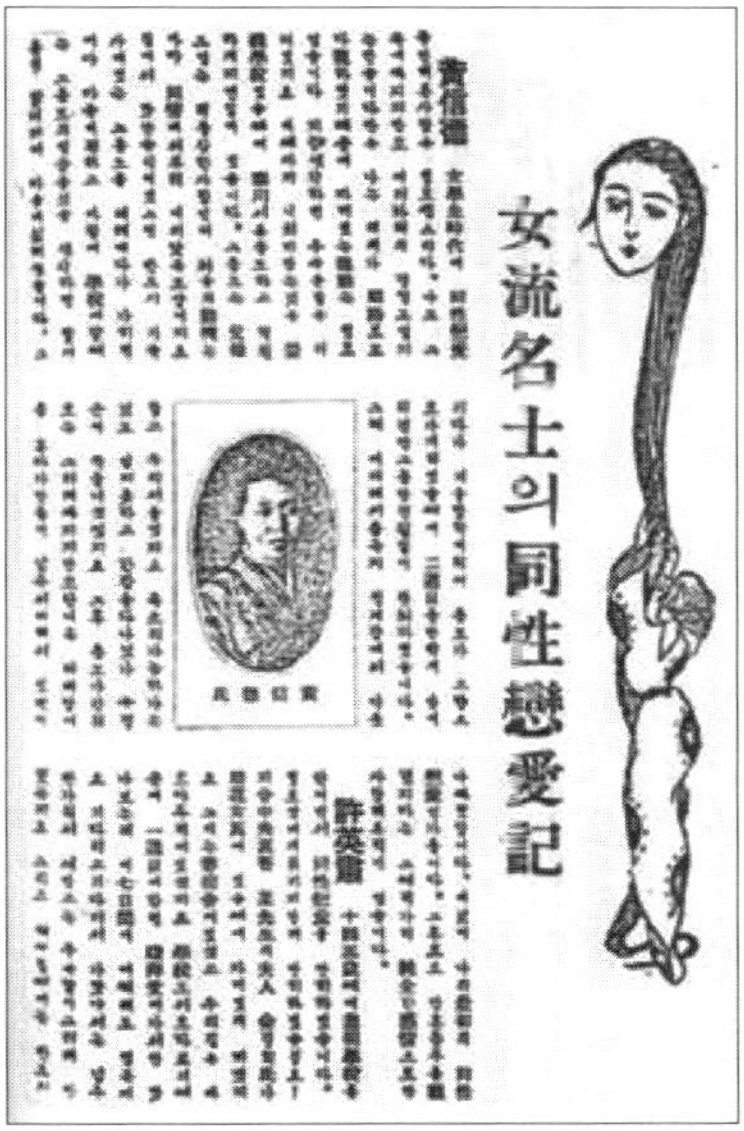

女流名士의同性戀愛記

許英肅

フェミニストを中心とした女性論客が写真入りで過去の同性愛体験を告白。許英肅は「女学校に通っていた女子で同性愛の経験がない者を探す方が困難ではないか」と語っている。（『別乾坤』1930年11月号）

青年두名이
同性戀愛로情死
【一日安東縣鎭江公園에서】

青年ふたりが公園内で情死。男同士の心中は内地でも事例をあまりみないのではないか。動機は厭世によるものらしい。（「朝鮮日報」1931年5月5日）

「青い燕」朴敬元と爆音の天女たち

霧の伊豆山中に消えた悲運の女性パイロット

半島民間パイロット第一号の朴敬元

熱海市上多賀の山中に「昭和八年　朴敬元嬢遭難慰碑」と刻まれた石の碑が建っている。

朴敬元《パクギョンウォン》は、半島出身の民間女性パイロット第1号として日本航空史にその名を残している。1901年（明治34年）、大邱市の生まれ。彼女もアート・スミスの曲芸飛行に魅せられて大空を夢見た新時代人だった。父は家具職人、母は一説によれば奴婢階級の出身だったというが定かではない。看護婦、タクシー運転手などで資金を貯め、1925年（大正14年）に立川の日本飛行学校分校に入校し、1927年（昭和2年）に3等操縦士、1928年（昭和3年）に2等飛行士の資格を修得している。168センチという体軀《たいく》は当時の女性としては長身の部類に入るだろう。

もちろん、彼女1人の力で学費をまかなえるわけがなく、東亜日報社の後援と「半島から女性飛行士を」という呼びかけで朝鮮全土から集まった浄財あればこそである。内地での支援者の筆頭は時の逓信大臣・小泉又次郎だった。背中に入れ墨を背負っていたことからついたあだ名が「入れ墨大臣」。いうまでもなく小泉純一郎元総理大臣の祖父である。逓信大臣がなぜ女性パイロットのスポンサーになったかといえば、これからの郵便事業に航空機の存在は欠かせないという判断からであろう。

飛行士になることに半島人であるハンディはまったくなかった。現に安昌男をはじめ数多くの半島人パイロットが登場しているし、敬元のすぐ下にも後述する李貞喜《イジョンヒ》という後輩が育っていた。ハンディがあるとすれば、それは女性ということにつきたのである。当時、女性は2等操縦士までで職業飛行士である1等操縦士の資格は修得できなかった。また、戦争中は女性の飛行は禁じられていた。

運命の日、8月7日。いざ、青燕に乗り込む朴敬元。日の丸の小旗を振るこの写真は韓国では長い間、タブーとなっていた。そばかすと満面の笑みがトレードマークだったという。

小泉又次郎。敬元は初対面の席で「新聞は女流飛行士のことをコンパクト・パイロット（お化粧した飛行士）と面白おかしく書き立てますが、そのようなことでは航空界の発展はありません」と堂々といい、小泉を感服させたという。

右下にMISS BOKUとある。同期の及位ヤヱによると、練習生時代の敬元は、仲間におごることが好きで宵越しの金を持たない男っぽい性格だったという。その反面、白い毛皮のコートに赤いイブニングドレスで銀座を闊歩して周囲の度肝を抜くようなところもあった。

敬元は1931年（昭和6年）、『わが女流飛行家はなぜ伸展しないのか』（「航空時代」6月号）という寄稿文で、日本社会の女性パイロット軽視の姿勢をこう嘆いてみせた。

《わが航空界にもブルース夫人のような女性があって欲しい。しかしわたしはブルース夫人一人褒めるよりもむしろ英国の一般社会の人々を褒めたいのです。ブルース夫人がロンドンから東京まで飛行したことは英国の一般社会が援助したからこそ飛べたのです。わが航空界の如く、女流の存在を認めなかったなら決して飛べるはずはありません。わたしは今日まで男の中にたちまじって、全身全力を捧げて汗と油で研きあげてきました。わたしはどうしてこのまま辞められようか？　これからはどこまでも自分の目的を達するまで、また自分の命の続くかぎり、最後まで頑張っていく決心です。》

ブルース夫人とあるのは、「空の女王」と異名を取るイギリスの女性飛行家・メアリー・ヴィクター・ブルースのこと。夫人は1930年（昭和5年）9月25日、クロイドン飛行場を飛び立ち約3カ月かけて東京までの単独飛行を成功させている（12月5日到着）。女性としては初の快挙である。そのとき、日本代表として羽田で歓迎飛行を行ったのがほかならぬ朴敬元であった。敬元の飛行に感激したブルース夫人は歓迎式で、「今度はあなたの番よ。日本から英国への最初の飛行はきっとあなたでしょう。そのときは私が歓迎飛行をさせていただくわ」と言って固く彼女の手を握ったという。

ブルース夫人のこの言葉は朴敬元の心に深く突き刺さった。そして、いつか自分の操縦する飛行機で海を越えるのだ、との思いを強くしたことだろう。

「母国の空」目前に襲った墜落事故

敬元の思いが届いたのか、チャンスは意外に早く訪れた。1933年（昭和8年）、先にも記した日満親善の記念飛行のパイロットとして彼女に白羽の矢が立ったのである。目的地は英国ではなく満州であったが、海を越えることに違いはない。むろん女性の海峡横断単独飛行は国内初の挑戦となる。常に男と伍して「忍苦」（敬元はこの言葉を好んだ）の中で精進してきた敬元にとって、それは重責であること以上に輝ける栄誉であった。何よりもうれしいのは、中継地に京城が予定されていることだ。母国の空を飛ぶ――。敬元の瞼に汝矣島の飛行場で同胞たちの振る歓迎の小旗の波が浮かんでくる。

8月7日朝、羽田飛行場。新調した飛行帽と飛行服に身を包み、唇に薄く紅を引いた朴敬元は、すでに逓信大

ブルース夫人を出迎える朴敬元。夫人の抱えているのは猫のぬいぐるみのようである。帝国ホテルで開かれた歓迎会では贈られた青い和服に袖を通し上機嫌だったという。

高麗神社に今も残る奉納の名札。「二等飛行士 朴敬元」（自筆だろうか）の左にあるのは毎日新報社長で思想家の「崔麟」（チェ・リン）。右隣は薄くて読みにくいが「逓信大臣 小泉又次郎」と書かれてある。

唯一의女流飛行家
朴敬元孃墜落慘死
箱根넘어玄嶽山넘다가

【연합청강(靜岡)八일발지급전보】 七일아침 동경우전(羽田)비행장을 떠나 조선으로 날려오든 조선이 낳은 유일한 여류비행가 박경원(朴敬元)양은 일본의 상근산(箱根山)남방의 상공을 날려 등파한이래로 소식이 끊어 각방면으로 수사를 행한결과 오늘아침에 정강현 전방군 다하촌 현악산(靜岡縣田方郡多賀村玄嶽山)중에 양의애기 청연(青燕)과 함께 추락참사한것을 발견하엿다。

◇寫眞＝今春、本社來訪當時에박인朴孃

朴敬元墜落死を伝える朝鮮の報道。「唯一の女流飛行家」という見出しに、彼女を失った半島人たちの悲しみが表れている。写真の中の敬元は典型的なモダンガール・スタイルで、彼女のもう1つの一面を見るようだ。

事故現場。機体が真っ二つに折れている。人の数から見て、いかに必死の捜索だったかがわかる。

臣の職を辞した小泉又次郎をはじめ見送りの人々に、もともとの丸顔をますます丸くした満面の笑みで応え、愛機・青燕号のコクピットの人となった。

　向かうのは最初の中継地・大阪である。翌８日は大阪を発って大刀洗（福岡）、そして９日はいよいよ京城の空を飛ぶ予定だった。ところが、彼女が飛び立って約40分後の11時17分、箱根付近でエンジン音が確認されたのを最後に青燕は消息を絶ってしまうのである。翌８日朝８時ごろ、静岡県田方郡多賀村玄ケ獄山中で無残にも２つに折れた青燕の機体と操縦席の中で朝露に濡れ冷たくなった朴敬元の遺体が発見される。血に染まった懐中時計は午前11時25分30秒を指したまま止まっていたという。当日、箱根から伊豆にかけて濃霧が発生しており、目算を誤り山の中に激突したものと思われる。享年32歳。

朴敬元を継ぐ女性パイロットたち

　敬元の死は大きく報道され、朝鮮そして内地は悲しみに包まれた。敬元の後輩で妹分だった李貞喜がその訃報を聞いたのは故郷京城の病院のベッドの上だった。朴敬元が事故で帰らぬ人となる３日前の８月４日、京城の自宅で服毒、瀕死《ひんし》となっているところを家人に発見され担ぎこまれたのである。失恋自殺だったという。幸い命はとりとめている。

　李貞喜は敬元より９歳年少の１９１０年（明治43年）生まれ。彼女もダンサーや運転手などをしながら資金を貯め、また新聞社（中央日報）からの後援を受けながら１９２７年（昭和２年）、18歳で飛行学校を卒業している。朴敬元に次ぐ半島出身の女性パイロットとして大いに注目を浴びていたが、卒業間もなく舞踏家に転身し世間を驚かせた。

　東京日日新聞府下版（１９２９年９月26日）の取材に対して李貞喜はこう答えている。

「舞踊といっても御承知のようにカフェのダンスとは違います。だらくした等という世評が口惜しう御座います。女の二等飛行士では到底生活が出来ませんので糧を得る為にもと舞台への生活を選んだのです」

　無念がにじむ。朴敬元が憂えた女性飛行士の、これが現実だった。結局、ダンサーとしても大成しなかったようで、その後故郷の京城でもとのタクシー運転手の職についているという知らせが届く。そんな雌伏の日々が報われぬ恋に彼女をすがりつかせたのだろうか。

　だが、尊敬する先輩の壮絶なる殉職は、貞喜の心に再び火をつけた。彼女はどん底の中から立ち直り、朴敬元の一周忌にあたる、１９３４年（昭和９年）８月７日に朴敬元（中央）と李貞喜（左）。筆者の知る限り、2人が並んだ写真はこれ1枚限り。飛行学校時代のものだろう。当時の絵葉書より。

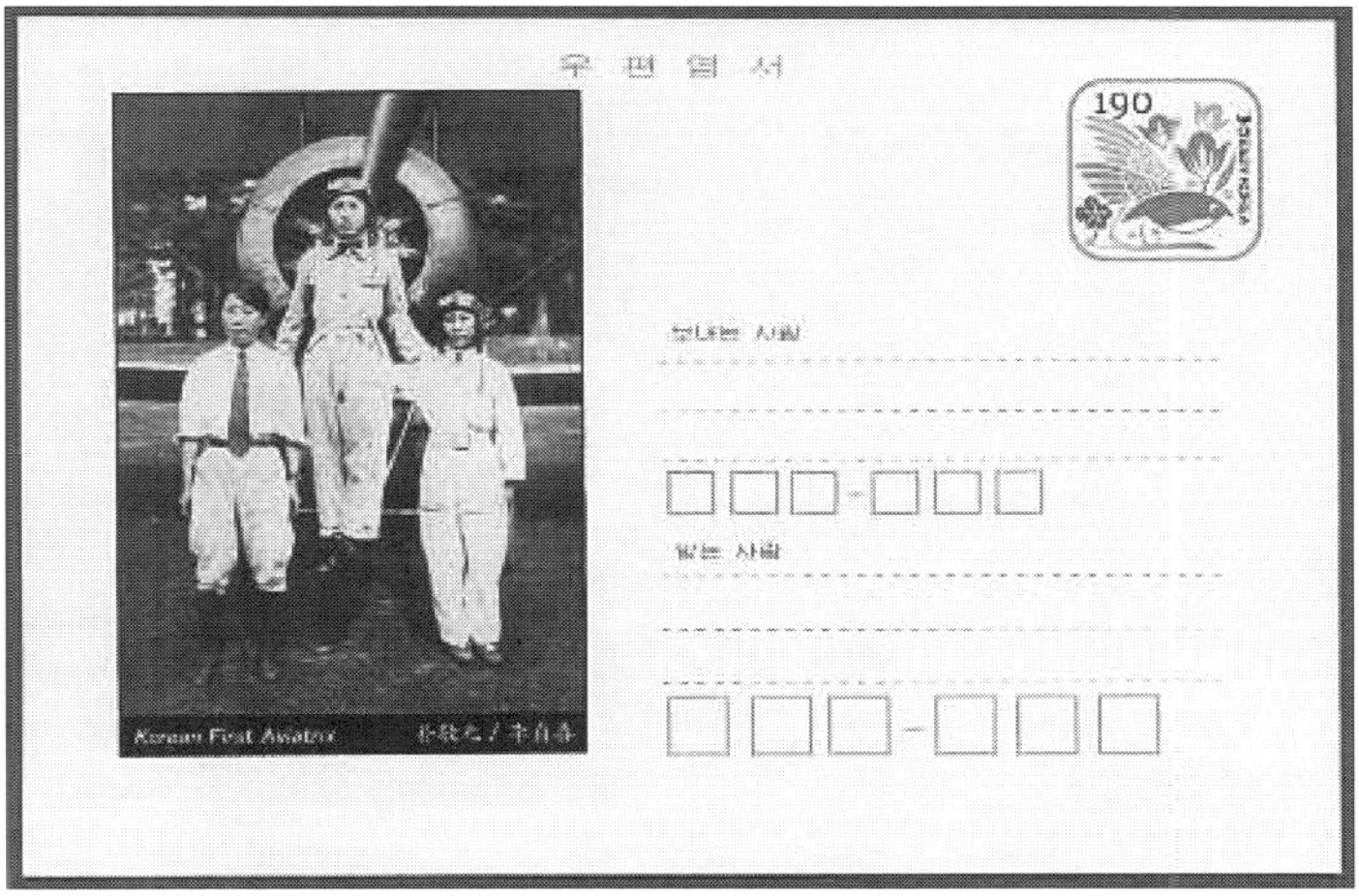

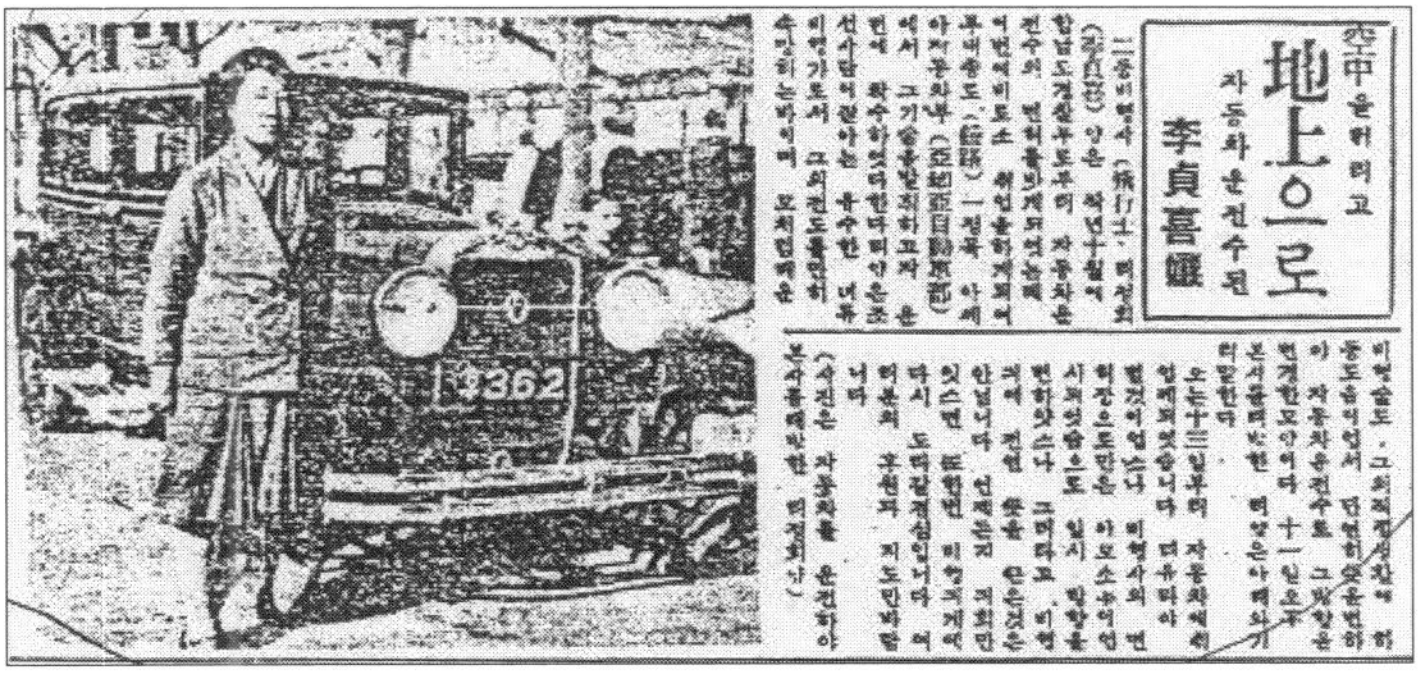
空中을떠나고
地上으로
자동차운전수된
李貞喜孃

李貞喜が運転手に転身したことを告げる記事。第一線から姿を消したとはいえ、彼女に対する大衆の関心の高さが伺える。当時は自動車の運転ができる女性自体、そうそうはいなかっただろう。（「毎日新報」1931年3月13日）

變化만은生涯의主人
李貞喜孃飮毒瀕死
飛行家로舞踊家로運轉手
그는엇지하야毒藥을마시게되엿나
失戀說、事業失敗說

常時에毒藥을품어
自殺待機의態度
리유는비행긔공부실패하면
죽겟다는것이엇다

失戀한

李貞喜が服毒し瀕死というニュース。大切なフライトを控え、朴敬元はこの記事をどのような気持ちで読んだのであろうか。動機に関しては、失恋説のほかに事業失敗説もあったようだ。（「毎日新報」1933年8月6日）

追悼飛行の大任を果たしたのである。李貞喜は水上機に乗り、正田マリエの乗るサルムソン機とペアで、朴敬元が散った玄ケ獄上空を周回、花束を投下している。

「金髪の女性飛行士」正田マリエもこの時代を彩る異色のパイロットだ。本名はマリー・ベドウフ。オーストリア人で、日本人男性と結婚を機に帰化してマリエになった。離婚後、独語教師として働きながら、立川の日本飛行機学校に通いライセンスを習得している。

ただしマリエに関しては謎も多く、当時の報道でも媒体によって、プロフィールが微妙《びみょう》に異なる。プラハ生まれとしているのは雑誌「婦人界」(1932年7月号)で、本名はリッチイ・デドウットとある。何気なく開いた新聞に北村兼子の死亡記事を見つけ、彼女の意志を受け継ごうと思ったのが飛行士になったきっかけという。

北村兼子は、女性参政権運動に健筆を振るったジャーナリストで、その傍《かたわ》ら飛行士を目指し日本飛行学校に通っていたが、志半ば27歳で病没している。朴敬元とも親しくしており、彼女の女流飛行士論も多分に兼子の女性権利運動の影響を受けていると思われる。また兼子は自著『大空に飛ぶ』(1933年・改善社)のなかで、日米開戦をすでに必至とみて「米国が二千の飛行機を飛ばしてくるのに日本は肉弾で行く」と航空戦力に対する日本の無知に警告を発し、また大量破壊兵器の登場さえ予言している、という慧眼《けいがん》の人でもあった。

最後にもう1人、朴敬元ゆかりの女性パイロットを紹介しておこう。木部シゲノである。172センチという朴敬元を上回る長身、七三分けの短髪にロイド眼鏡、蝶《ちょう》ネクタイがトレードマークで、あだ名は「男装の麗人」。ブロマイドも売り出されるほどに女学生の間では騒《さわ》がれた存在だった。一人称は「ボク」だったという。シゲノは生粋の内地人だったが、朝鮮育ちで、同じ〝朝鮮出身〟の朴敬元には相当のライバル心をもっていたらしい。

1974年(昭和49年)8月7日。静岡県熱海市の医王寺において、朴敬元の40周忌の慰霊祭が執り行われ、木部シゲノ、及位《のぞき》ヤエ協会長が参列。協会の機関誌『婦人航空』に、事故現場に花を添え手を合わせるかつての同志たちの写真が載っている。キャプションを読むまでそこに立つ丸眼鏡に背広姿の長身の老人が、木部シゲノであることに気がつかなかった。盟友の死から40年、70歳の彼女はやはり「男装の麗人」だったのだ。

現在、慰霊碑の他、熱海梅園内の韓国庭園に「朴飛行士記念碑」が建立《こんりゅう》されている。朴敬元は、大空をめざすすべての女性の守り神となったことを喜んでいることだろう。

朴の事故死、自身の自殺から2年。悲しみを乗り越えた李貞喜は婦人薬「命の母」の広告ガールへ。朝鮮婦人、同胞婦人のフレーズが躍っている。とはいえ、子宮病という文字はちょっと生々しすぎる。(「中央日報」1935年12月3日)

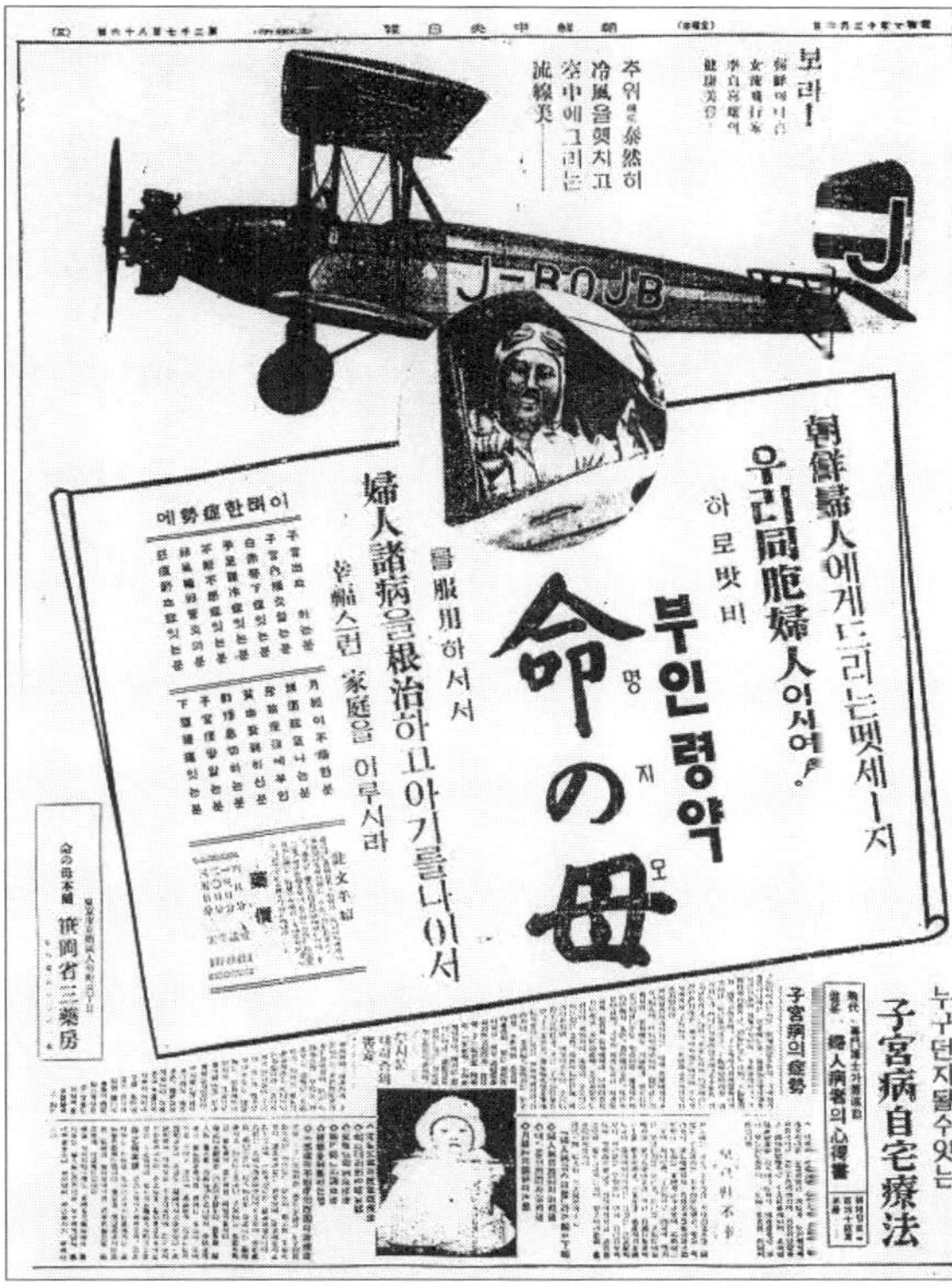

北村兼子。関西大学法科在学中に朝日新聞入社。その後フリーに。「婦人の力強くなるのは男性の幸であり、児どもの福である」などの切れ味のある名言多し。小泉又次郎や藤田嗣治とも懇意にしていた。訪欧飛行を計画、出発を1月後に控え腹膜炎をこじらせて死去。

日本婦人航空協会の機関紙「婦人航空」(1973年3月号)。慰霊祭に先駆け、朴敬元の墜落現場を訪れ手を合わせるかつての空の盟友たち。真ん中の背広姿が木部シゲノ。手前にいるのが及位ヤヱ。同協会は1983年には朴敬元の50周忌慰霊祭も執り行っている。

木部シゲノ。日本で初の女性2等操縦士。戦後は羽田空港内の協会事務所責任者として勤務。生涯を独身で通し、1966年、長年の航空界への功績により勲六等宝冠章(宝冠章の対象は女性のみ)を受勲。授与の式典ではドレスでなくタキシード姿で現れたという。

「伝説の女性奇術師」天勝と裴亀子

伝説のマジシャン・松旭斎天勝の養女にして朝鮮舞踊家。実は伊藤博文の隠し子？

10歳で元祖イリュージョニスト天勝の養女へ

裴亀子《ペクジャ》の名前を筆者が知るきっかけとなったのが、伝説の女性奇術師・初代松旭斎天勝《しょうきょくさいてんかつ》の自伝『天勝一代記』である。とはいえ、その記述は「朝鮮の巡業中、乞われて弟子にした両班の娘で、朝鮮舞踊を得意としており、一時期は自分の養女にしていた」というわずか2、3行のもので、彼女の名が出てくるのはあとにも先にもそれ一度きり。養女というのだから、天勝もそれこそ手塩にかけて育てようとしたはずなのに、実にそっけなく、二人の間に何があったのかも含めて、裴亀子の名は強く印象に残った次第である。

　松旭斎天勝については三島由紀夫の『仮面の告白』にも興味深い記述があるからご記憶にある方も多いだろう。それまで手妻《てづま》と呼ばれ寄席の色物芸に過ぎなかった奇術を近代的なマジック・ショーに発展させた元祖イリュージョニストである。足掛け5年に及ぶ欧米興行で海外にもその名を轟《とどろ》かせていた。また女優としては『サロメ』で一世を風靡《ふうび》している。

　天勝一座は１９１５年（大正4年）、朝鮮公演を行っている。朝鮮物産共進会のオープニング・アクトにも参加し、景福宮《キョンボックン》会場の群衆の中に天勝および座員が変装して紛れ込み、みごと正体を見破った観客に賞金を進呈するというアトラクションでも大いに話題になっている。亀子の弟子入りは、この天勝朝鮮滞在期間中と見て間違いないだろう。亀子はこのとき10歳であった。

　その後、一座の少女スター・かめ子として、また天勝の後継として周囲の期待を一身に背負っていたようである。

　函館新聞（１９２０年6月16日）に天勝一座の劇評を見つけたが、かめ子が主役を演じた『八公子』（巖谷小

天勝一行入京

天勝と裴亀子。京城での公演。亀子にとってこれが初舞台かつ、凱旋ということになる。故郷で初舞台というのは天勝の親心か。美少女である。（京城日報1918年？月？日）。

裴亀子として伝わっている写真。天勝一座を脱退後、アメリカ留学の話もあったが、これは流れている。本人は、『瀕死の白鳥』で知られるロシアのバレリーナ、アンナ・パヴロワに師事するつもりだったという。ダンスだけでなく楽器も器用にこなした。

松井須磨子をライバル視していた天勝は、須磨子の当たり役『サロメ』に挑戦した。肌もあらわな大胆な衣装、ヨカナーンの首が空中に飛び階段の欄干でニタニタ笑うなどのマジック仕立ての演出で観客の度肝をぬいた。

波翻訳）に行を割いている。
《小公子に扮した少女かめ子は天才の技を備へていて、三場の内で――最も難場である老公爵（南部）の祖父に初対面の間に、少年の無邪気と母の教へをよく守ってむづかしい老公爵に親しむあたりが涙をしぼらせる處、天勝のエロル夫人も数度の舞台にかけたもので、何處やら――貞奴の様な面影を見せて、奇術以外の天才を発揮して居る。大詰にソノ小公子の誕生日祝に室内の天井を万国旗で装飾したのは、日本化したのが、幾分舞台が小さくなつた感じはするが、テーブルの上に立つて小公子が一場のお話をする處――小波の叔父さん気分が現はれて、家庭劇の上乗である。》

15歳の亀子がここまで激評されたのだから、さぞや天勝も鼻が高かったことだろう。

ところが、1926年（大正15年／昭和元年）、21歳になったばかりの花形スター・かめ子は天勝一座の平壌公演中に失踪してしまうのであう。

これが師との間のしこりの原因であることは想像がつく。出奔の理由については諸説あるが、天勝の養子の座員といい仲になり、居づらくなって、というのがどうやら真相らしい。

当然、天勝側の捜索の手がおよぶわけだが、そのとき、亀子を匿《かくま》った平壌のホテルの支配人が洪淳彦《ホンスノン》。亀子とはこれが縁で1929年（昭和4年）に入籍している。

洪は妻のために家産を整理し、1935年（昭和10年）、京城の西大門近くに東洋劇場という演劇専門の劇場をオープンさせた。東洋劇場は最新式回転舞台と照明施設、スモーク装置を完備しており、朝鮮新派劇の聖地ともいわれ、ここの舞台に立つことは半島の全演劇人の夢とされた、と韓国側の資料にある。同劇場の専属劇作家に朝鮮演劇界のホープ・林仙圭《イムソンギョ》がいる。彼の妻は銀幕のスター・文藝峰《ムンイエボン》である。夫婦は戦後、3人の子を連れ、38度線を越えている。

伊藤博文と女スパイ？

裴亀子は結婚を機に京城新堂洞に「裴亀子舞踊研究所」の看板を掲げ後進の指導にあたった。また舞台活動を再開し、「裴亀子舞踊劇団」を設立し、内地と朝鮮を股にかけて巡回公演を精力的にこなした。内地では大阪を活動の拠点に吉本工業に所属した。これは天勝の関西の興行を仕切っているのが松竹であり、バッティングを避けたいという意味もあるだろう。吉本と松竹が現在も不可侵の関係にあることは有名である。

亀子の舞台は、伝統的な朝鮮舞踊に西洋的なレビュー、

天勝一座の「変装探しし」の告知広告。これで盛り上がらなければ京城っ子じゃない。(「京城日報」1915年10月25日)

朝鮮物産共進会での天勝一座公演の広告(「京城日報」1915年10月27日)。また共進会と同時に家庭博も同時開催されている。

施政五年記念朝鮮物産共進会。写真の建物は鉄道館。内部には人の乗れるミニチュア汽車が走っていたという。当時の絵葉書より。

「魔術界の最高権威松旭斎天勝一行」「娘子達の小奇術 美代子・かめ子」。亀子は小公子も演じていた模様。天勝の彼女によせる期待がわかる。オリジナル化粧品とスポンサード契約を結んでいたようだ。(東京朝日新聞1920年4月29日)

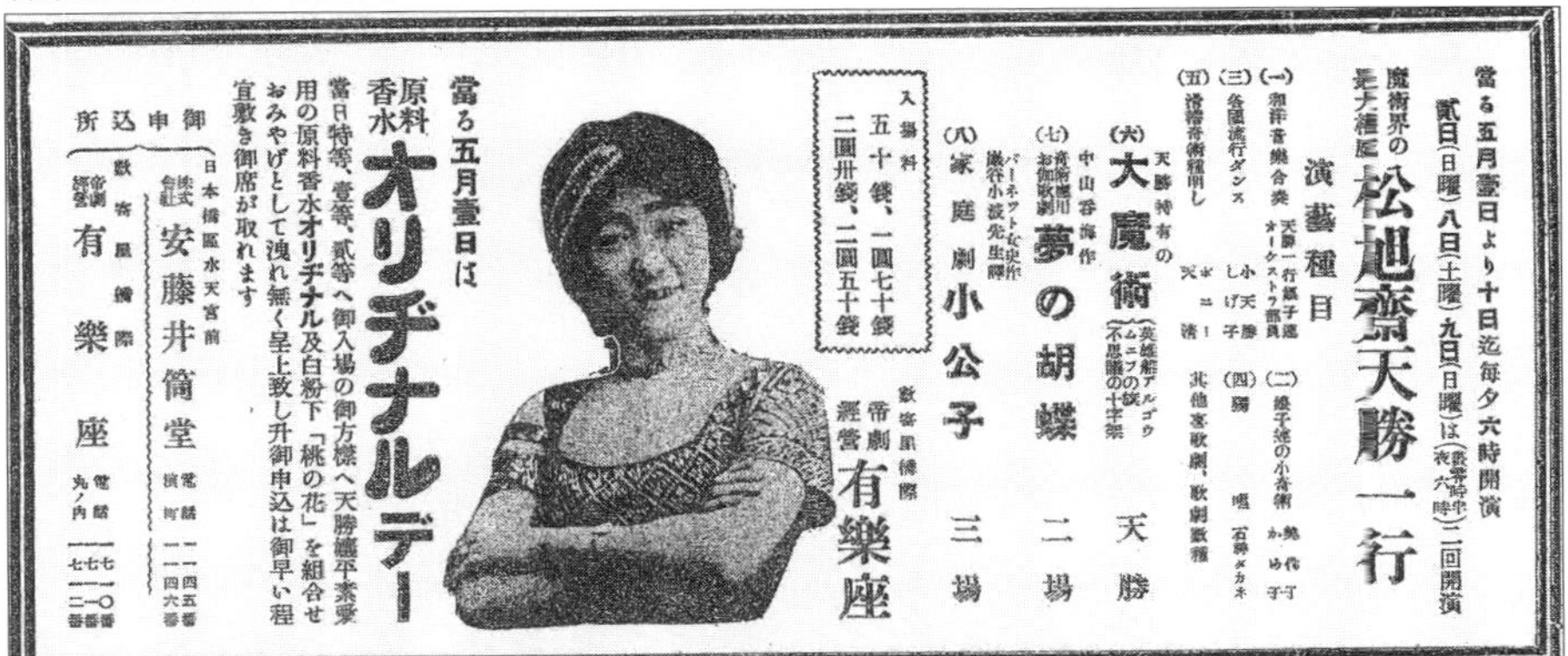

寸劇を組み合わせた斬新なスタイルで、一時はかなりの当たりを取ったようだ。１９３６年（昭和11年）４月、京都花月劇場焼失を伝える京都日出新聞の記事（５日付）に「裴亀子舞踊団は楽器の損害三万円」とある。現在の金額に換算すると約５千３００万円。つまり、それだけの売れっ子だったわけだ。

一方で当時、亀子が伊藤博文の養女・裵貞子《ペジョンジャ》の隠し子で父親は伊藤だという噂が流れており、当の亀子がまんざらでもないといった感じでこれを否定しなかったり、あるいは自分が明治天皇の落胤《らくいん》であるかのようなことを吹聴してみたり、どうもこの人、多少虚言の癖もあるようである。明治天皇の落胤とは恐れ入るが、まあこれくらいの虚言では不敬罪にはならなかったということか。また、当時、朝鮮人にとって伊藤博文は決して悪役《ヒール》ではなかったことの証左である。

伊藤博文に朝鮮人の養女（実質的な愛人だったともいわれている）がいたという話は現在日本では知る人もあまりいないだろうが、この裵亀子も謎多い人物だ。戦後の韓国の小説や映画の世界では、伊藤の意を受け、高宗《ゴジョン》を色仕掛けでたぶらかす女スパイの役回りを与えられているが、それはむろん虚像である。ちなみに貞子と外交官である夫・玄映運《ヒョンヨンウン》との間に生まれた次女が朝鮮エンタメ史に名を残す玄松子《ヒョンソンジャ》。松子は夫のある身で音楽家の李哲《イチョル》と不倫の果てに再婚。その広い人脈を利して、夫のオーケーレコード設立を陰で支えた。

さて裵亀子だが、１９３７年（昭和12年）に夫・洪淳彦が急逝すると負債を抱えていた東洋劇場も人手にわたり、彼女も表舞台から姿を消していく。しかし、夫の喪《も》が明けたときには、すでに他の男の子を宿しており、ほどなく再婚したというから、根っから惚《ほ》れっぽいところもあったようだ。戦後、日系アメリカ人の軍人と再々婚、しばらくは日本に居住していたという。晩年は夫ともにアメリカに渡り、２００３年、98歳で亡くなったことが確認されている。

天勝一座にいたときの亀子は、朝鮮語を一切しゃべらず、むしろ朝鮮を卑下《ひげ》する発言が多く、心底日本人になりたいとまで語っていたというが、むろん彼女の真意がどこにあったかは今になっては知るよしもない。

東洋劇場柿落しはやはり裵亀子楽劇団公演。

東洋劇場。青春座は同劇場の専属劇団で、朝鮮新派の重鎮俳優・黄轍（ファンチョル）が所属していた。他に時代劇専門の洞極座、喜劇専門の喜劇座も傘下にあり、ローテーションで芝居をかけていた。

映画『妖花裵貞子』(1966)。和装からドレス、乗馬服まで女スパイ裵貞子、華麗なる七変化。彼女の諜報工作員のイメージは、戦後のこういったフィクションによって決定づけられた。

裵貞子。伊藤博文が名付けた「田山貞子」という日本名をもっていた。別名「黒スカート」。また、女性運動家で独立運動家の河蘭史（ハ・ランシ）を彼女が暗殺したなどというもっともらしい噂も流された（実際は流感に感染、病院で死亡している）。

一気に花開いた「女の時代」

半島に「オフィス・レディ」が登場し、女性の社会進出が高まったのも併合時代

画期的だったハングル用タイプライター

1919年（大正8年）、与謝野晶子《よさのあきこ》は随筆『心頭雑草』の中で《自動車の婦人運転手が東京に、婦人の郵便配達人が九州の某所に、（中略）近く電車の婦人運転手が美濃国で採用されました。》と記している。また、杉山萌円《ほうえん》（夢野久作）は1925年（大正14年）、震災後の東京をルポした『東京人の堕落時代』のなかで、当世東京で流行りの「職業婦人」なるものを《上は女官から女学校の教師、小学校教員、女判任官、女医、女歯科医、女薬剤師、婦人記者、婦人速記者、女会計、婦人外交員、女製図師、図書館その他の整理係。すこし有りふれては産婆、看護婦、保姆、タイピスト、女事務員、女店員、見張女、マッサージ師、美容術師、女車掌や運転士、交換嬢、モデル女、女優一切。》としている。女性の国会議員こそまだ誕生していないものの、現在の女性の職種のほとんどがこの時代に出そろっていたことになる。

戦前、女性の内職のシンボルがミシンであったなら、女性のオフィス勤めのシンボルがタイプライターだった。東京朝日新聞1931年（昭和6年）6月13日に「働く女は、一九三一年の女性のほこりイピスト学校ご紹介」と題した、こんな記事が載っている。

《現在女性に拓かれた職業は数にして百を越えるが、田舎から出て来たり女学校を出ただけの資格で働く愉快さのある職業といへば、さう沢山あるわけではありません。（中略）比較的修業期間が短く、学費も低廉で、就職の暁には働きに嫌味がなく収入も比較的多い商売の一つに、タイピストが挙げられませう。今から三、四年前、大阪のある女学校が希望者にタイプライテングを課外に教へたのがはじまりで現在女学校でタイプライターを正科にしてゐるところが随分あるのも道理でせう。（中略）入学の資格は制限がありません。邦文なら小学校卒業程度

「現代文明の特色は、迅速と正確」。宋一商会のハングル・タイプライター（朝鮮文打字機）の広告。ハングル・タイプの特性を9項目にわたって説明している。（「朝鮮日報」1934年5月18日）

「スマイル」という目薬の広告に登場するチョゴリ姿の職業婦人とタイプライター（邦文）。デスク・ワークとくれば眼精疲労、OLの悩みは今も昔も同じです。（「朝鮮日報」1939年2月13日）

「女子界の新記録・女子運転手出現？」。朝鮮初の女性運転手は崔インソン嬢。まさに時代の最先端をいった女性である。（「毎日新報」1919年12月6日）

植物의感覺現象

職業女性의避暑

외국녀학생들은

バスガールは女性の憧れの職業の1つだった。併合時代で最初の女性車掌は12人。競争率は3倍だった。1930年には7人の車掌を選ぶのに99人が応募して、なんと競争率14倍の狭き門。（「東亜日報」1929 7月5日）

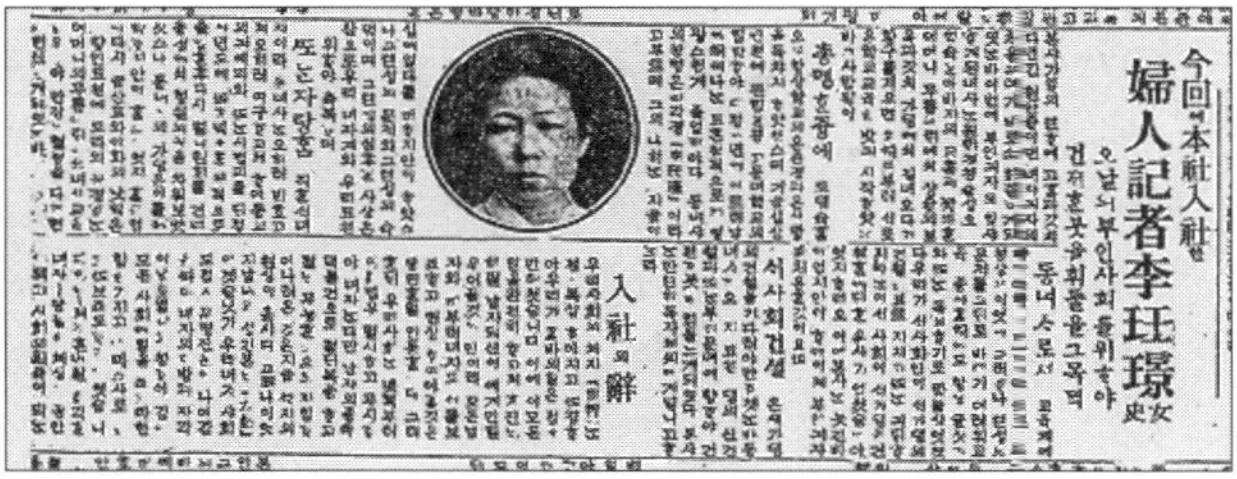

今回에本社入社한

婦人記者李玨環女史

入社의辭

女性記者第1号・李嬢を写真入りで紹介。毎日日報は実質的に朝鮮総督府の機関紙だったが、積極的に女性を登用し、紙面も女性の社会進出をうながす論調が多かった。（「毎日新報」1920年7月1日）

の漢字、英文なら女学校程度の英語を知ってゐればそれでいいので、生徒さんも十四五歳のお下髪の人から二十二三の娘さんが大部分といった有様です。》

朝鮮日報1934年（昭和9年）5月18日付に、京城の宋一《ソンイル》商会の発売するハングル用タイプライターの広告を見つけた。ハングル用タイプライターはそれに先立つ1929年（昭和4年）、ソン・ギジュ（漢字表記不明）という人物が米アンダー・ウッド社製の携帯タイプライターを改造する形で開発しており、広告の品は同種の物と思われる。横打ちで印字されたものが縦読みになる構造だ。つまり、活字は横向きということになる。宋一商会はソン（宋？）の興した会社かもしれない。ものの資料によると、1914年（大正3年）、在米コリアンの李元翼《イウォニク》が、英語タイプライターにハングル活字を付けて考案したモデルが歴史上最初のハングル・タイプライターだそうだが、こちらについてはそれ以上の情報もなく定かではない。どちらにしても、ハングル・タイプライターの登場は、朝鮮の女性の社会進出と雇用を大いに刺激しただけでなく、オフィス・ワークそのものを大きく変えたことだろう。

この時期、職業婦人とともに朝鮮女性の意識改革の象徴として台頭してきたのは「新女性」と呼ばれるモダン・ガールたちである。彼女たちは旧来の儒教的家族道徳や因襲に囚われない、文字どおりの「新しい女性」たちであった。職業婦人も新女性も、外見的な特徴は洋装と断髪（ショートカット）である。古来、朝鮮の未婚女性は後ろ髪を長く一本に結び垂らす髪型がならいだったが、職業婦人や新女性たちは、古いしきたりを断ち切るように、髪にはさみを入れたのである。こぞってボブヘアや耳隠し（大正時代の女性に流行った和洋折衷風の髪型）となって、ハイヒールの靴音を響かせながらさっそうとアスファルトを闊歩《かっぽ》していった。当時の雑誌は、毛断と書いて「モダン」とあてたほどで、短髪は流行の最先端を意味し、「職業婦人」は都会に憧れる女性たちのファッション・リーダー的存在でもあったのである。併合時代とはまさに「女性の時代」の黎明でもあったのだ。さて、敗戦とともに、日本人が半島から引き揚げて以後、ハングル・タイプライターは思わぬ形で再び脚光を浴びることになる。日本語で書かれたおびただしい総督府の書類、大学などの研究機関や医療機関の資料などを韓国語に書き直すために、ハングル・タイプライターとタイピストが総動員されたのだ。かつての職業婦人がここでも活躍したのである。

美는다리에도

다리의美容術

이사진과가티한번
시험해보십시요

「S字曲線を手に入れよう」。女性新時代の到来とともににわかに沸き起こった美容体操ブーム。韓服から洋装へ、服飾の変化が、肉体美への新たな関心を呼んだ。ショートパンツからのぞく太ももがまぶしい。(「朝鮮日報」1929年7月8日)

朝鮮初のマネキンガール(販売促進店員)が朝鮮銀行前仮設ステージに登場。それを取り囲む見物人。日本でマネキンガールはこの前年開催の大礼記念国産振興東京博覧会・高島屋ブースにお目見えしている。(「朝鮮日報」1929年9月7日)

마네킹孃募集

一、年齡 滿十七歲以上二十一歲까지

一、資格 女高普卒業程度

一、待遇 本俸及勤勉手當合하야月收七〇圓以上

京城鍾路韓靑빌딩

和信連鎖店株式會社 管理部

鍾路네거리에
마네킹出現

和信デパートのマネキンガール募集の広告。「年齢・満十七歳以上二十一歳まで」「資格・女高普卒業程度」「本俸及勤勉手当月収七〇円以上」。この年の内地の巡査の初任給(43円)より高い。(「朝鮮日報」1936年4月11日)

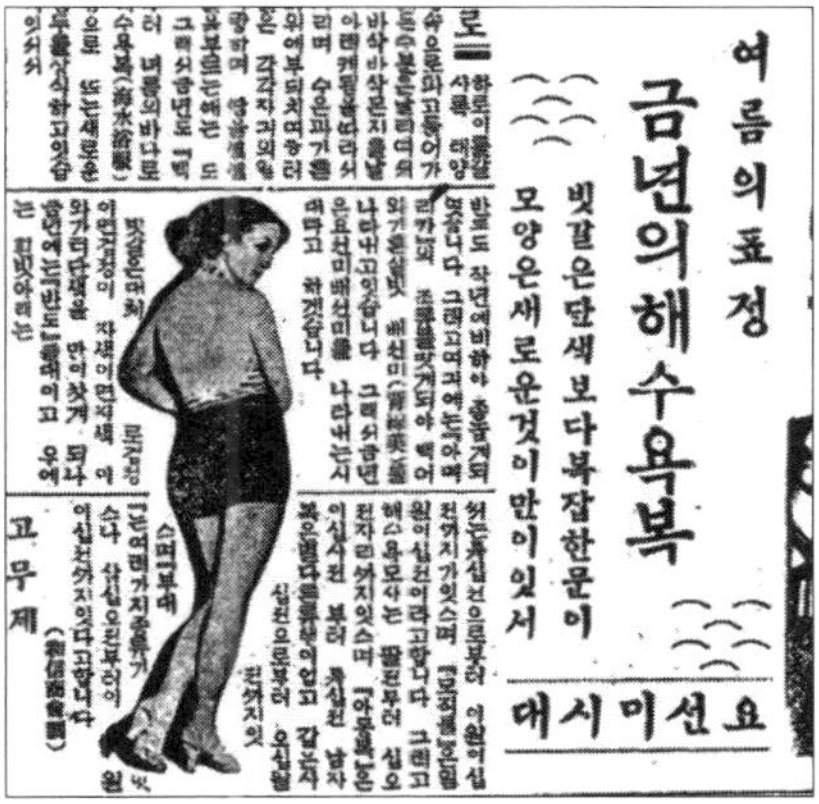

여름의표정

금년의해수욕복

빗갈은단색보다복잡한무늬
모양은새로운것이만이잇서

고무제

最新水着ファッションを紹介(提供・和信グループ)。背中が大胆に開いているデザインは今見ても決して古くない。新女性たちはこんな水着を着て釜山や済州島に遊びにいったのだろうか。(「朝鮮日報」1933年6月15日)

「ミス・コンクール」の衝撃

美しさは誰のために。野に咲いてこそ花

女性解放運動家がミスコンの審査員

　今でこそミスコンなどというとフェミニズム女史たちの恰好の攻撃の的になるが、この時期の半島のミスコンの審査員には、なんと金一葉《キムイルヨプ》や金明淳《キムミョンスン》といった女性解放運動の闘士が名をつらねていた。つまり、彼女たちは、美人コンテストを女性の自立の象徴と捉えていたのである。

　思えば、李朝時代以前、女性の美しさは、少女時代は生家、嫁いでは婚家、あるいは寵を傾ける男のためにあるものであって、女性本人のものではなかった。当時の女性は、上流の出身であればあるほど、生涯を生家と婚家の屋敷の囲いの中で暮らす運命にあったのである。

　妓生のように美しさを売る商売もあったが、彼女らもしょせんは造花であって、名もなくとも可憐に咲く野の花ではありえなかった。妓生にとって最大の出世は王室の男の寵を得て妾に取りたてられることであろう。それはそのまま、彼女の生家と一族の栄達にもつながった。だから彼女たちは贅《ぜい》をつくして着飾り、化粧に金にかけた。すべては「家」のためなのである。中には貢女《コンニョ》として支那に送られ、後宮に入り皇后や妃になる者もいた。

　もっともそのような出世はごくごくまれなケースであり、多くの場合、貢女といえば、宗主国への性の献上品の意味しかなく、娘が貢女候補となった家は悲嘆にくれるばかりであった。朝鮮の悪因習である早婚が生まれた背景の1つに、この貢女制度があったのである。幼女のうちに嫁がせ貢女供出から逃れようというわけだ。

　併合時代のミスコンは、まさにそういった暗い過去のくびきから離れ、女性が女性としての美しさと若さを誇り、美と健康でもって自己の存在を主張する舞台の役目を果たしていたのである。

大阪毎日新聞社主催のミス朝鮮選抜大会の内容を伝える記事。朝鮮人と在朝の日本人の2部門に分かれるようだ。朝鮮人代表は京城の奎明淑嬢（18）。日本人代表は仁川に住む菊池時子嬢（20）。（「大阪朝日新聞・朝鮮版」1931年10月22日）

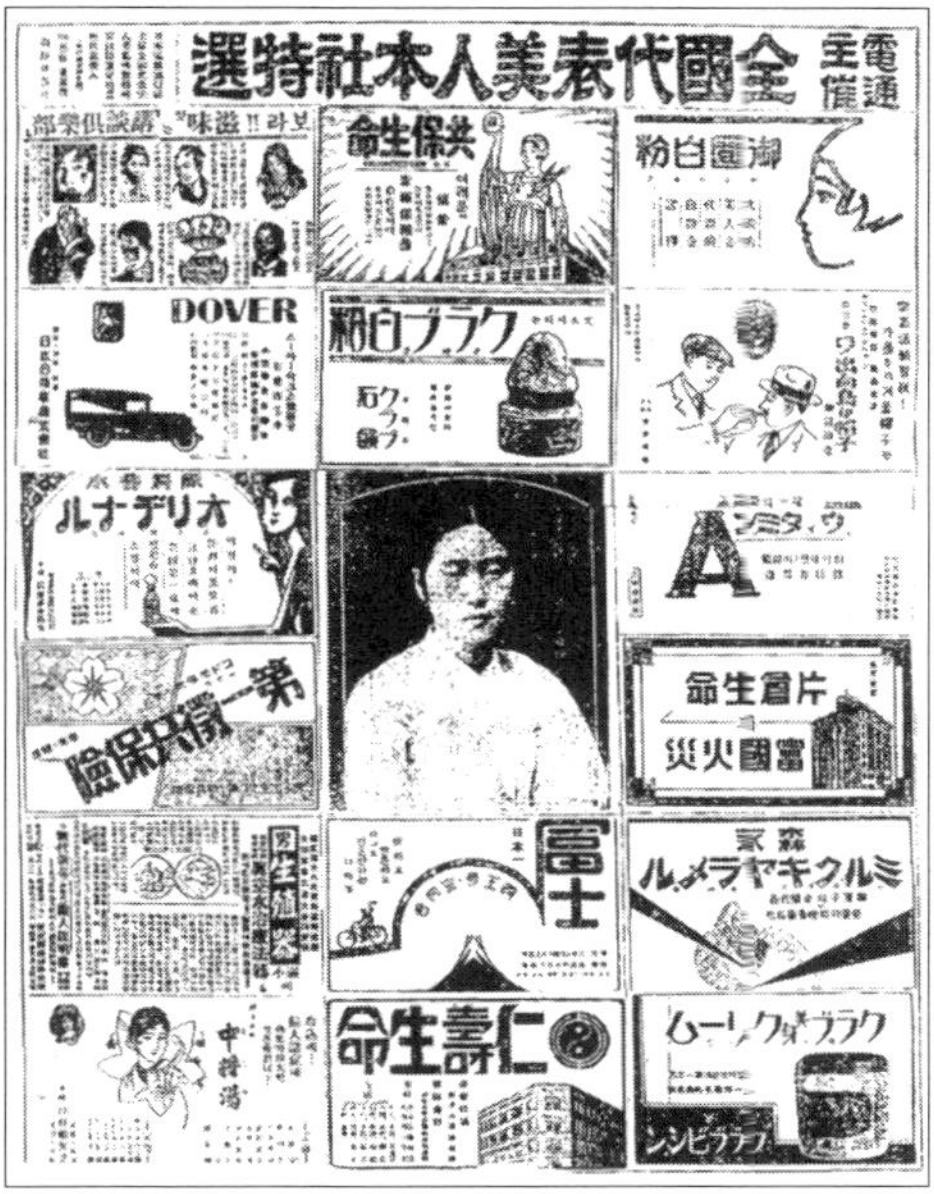

電報通信社（現・電通）主催「全国代表美人コンテスト」の1面広告。まわりにあるのは協賛企業の広告か。かなり大々的な催し物だったようだ。（「朝鮮日報」1929年10月26日）

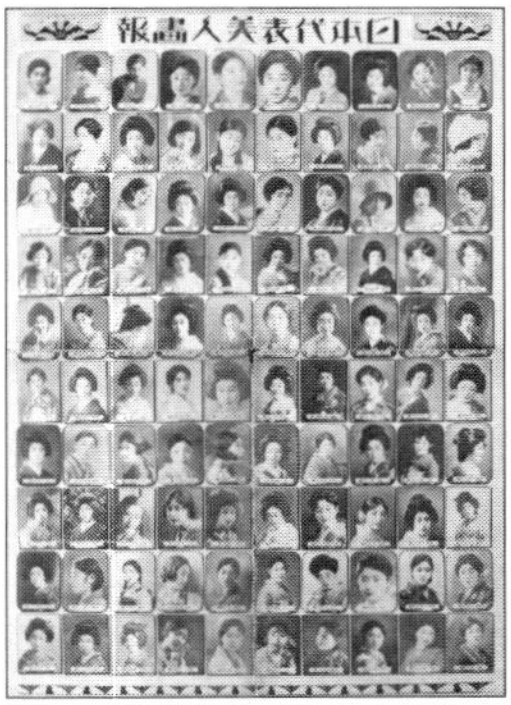

「日本代表美人画報」。日本全国の美人を集めたポスター。朝鮮代表として崔承喜が（2段目、左から4人目）。詳細は不明だが、雑誌の付録と思われる。確かにみんな綺麗ぞろいだ。

雑誌『モダン日本』のミス朝鮮懸賞当選発表。ミス朝鮮に輝いたのは朴洞實嬢。なるほど、清楚な感じの朝鮮美人である。（『モダン日本』1940年11月号）

広告でみる日韓併合の真実 column 03

朝鮮エンタメ秘史「顔のない歌手」

「ミス・コリア」はいわゆる覆面歌手。さる大物歌手の変身というふれこみで、内地でも話題になったが、正体は金秋月《キムチュウル》という無名の妓生歌手だった。

タイトルの『麻衣太子』(1934年)は新羅最後の王・敬順王の王子のこと。高麗に恭順を誓った父王に抗議して金剛山にこもり一生を麻衣と草食で過ごしたことからこう呼ばれた。

金秋月はこの後、牡丹峰《モランボン》という、やはり匿名性の高い芸名で再デビューを果たすが、やはりヒットまでにはいたらなかった。

この時期の覆面歌手では、『月のアリラン』(1931年)を歌った「金色仮面」(ゴールデンマスク)の方がむしろ有名。文字どおり、金色の仮面をかぶったその姿は一種独特の雰囲気を醸している。楽曲がアリランモチーフということもあって、朝鮮人歌手が正体であると誰もが思っていたが、実際は新宿ムーランルージュ出身の日本人歌手・小林千代子による歌唱であった。小林はその後は本名・素顔で活躍、『涙の渡り鳥』、『路傍の石』などをヒットさせている。

ミス・コリアの正体が金秋月だと判明したのは、誰もが彼女の名前を忘れた1980年代に入ってからである。それも偶然の発見だったという。

金色仮面。小林千代子は東洋音楽学校卒。クラシック畑出身らしい美しいソプラノで、ジャンルを超えて活躍した。

第4章

半島の「夜」

古今東西「性」の営みが盛んなのはどこも変わるところがなく、当時の半島にもその手の記事や広告があふれていた。一流の芸能と教養を身につけた接待のプロである「妓生」たちは、多彩な広告を飾るタレントでもあった

あの「四十八手」も、ムフフな広告

いつの時代もスキモノの種は尽きまじ

日本の性科学の草分けが見た朝鮮の奇習

「澤田順次郎」（順治郎とも）という名前がいくつかの広告に出てくる。澤田は日本の性科学の草分け的存在で、筆者の世代でいえば、奈良林祥センセイや増田豊センセイ、といったポジションにあたる人物のようだ。ただし、医師ではなく、海城中学の博物学の教師の職にあった人だという。

澤田は1863年、つまり文久3年の生まれ。教師現役の1912年（大正元年）に初の著書『性慾論講話』を刊行しベストセラーに。以後、著述に転じ、多数の性医学、性技巧、異常性欲に関する無数の書物を世に出し、『性』『性の知識』『性欲と恋愛』といった雑誌も創刊している。正統学問的な医学界からはキワモノ視されていたが、大衆の読者の中には、性の悩みをせつせつと訴えて澤田に手紙を送ってよこす婦人も多くいたという。アカデミズムが無視するそういう名もなき声を在野の研究家が拾い上げていたというのも事実なのである。根強い支持を受けていた。

澤田が朝鮮とどれほどの関わりを持っていたかは不明だが、彼は著書『売笑婦秘話』（1935年）の中で、朝鮮および支那の一部にみられる独特の風習として「妻妾抵当」なるものを紹介している。「妻妾抵当」とはその名が示すように、借金の際に自分の妻なり妾なりを抵当にすることで、《その担保にも、二種あるやうだ。即ちその一は、金と引き換へに、其の担保とした妻女を、債権者に渡すもので、他の一は、返済の出来ない場合に、其の担保として妻女を債権者に引き渡すのである。》（澤田）としている。「女房を質に入れても」という成句があるが、朝鮮でも文字どおり、女房をカタに金を借りる習慣があったのだ。

澤田順次郎先生新著
處女及妻의性的生活
正文社
本報押收
東亞日報社
今日本紙六面

『処女及び妻の性的生活』。澤田順次郎先生のロング・セラーである。「女子の肉体と構造及び性欲作用」。広告のうえに、10月26日付記事中の表現が当局の検閲に触れて押収のうえに発禁を食らったという、東亜日報社の告知がある。(「東亜日報」1923年11月3日)

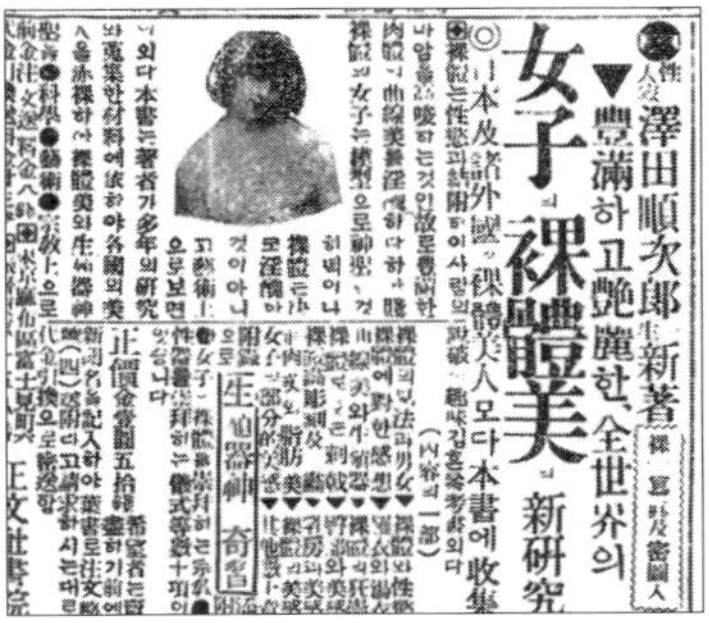
澤田順次郎先生新著
女子의裸體美
新研究

澤田順次郎先生新著『女子の裸体美の新研究』。「日本及び諸外者国の裸体美人」「本書・著書・多年・研究・蒐集・材料・各国美人・赤裸・裸体美・生殖器神聖」フムフム。澤田先生絶好調。(「東亜日報」1926年6月17日)

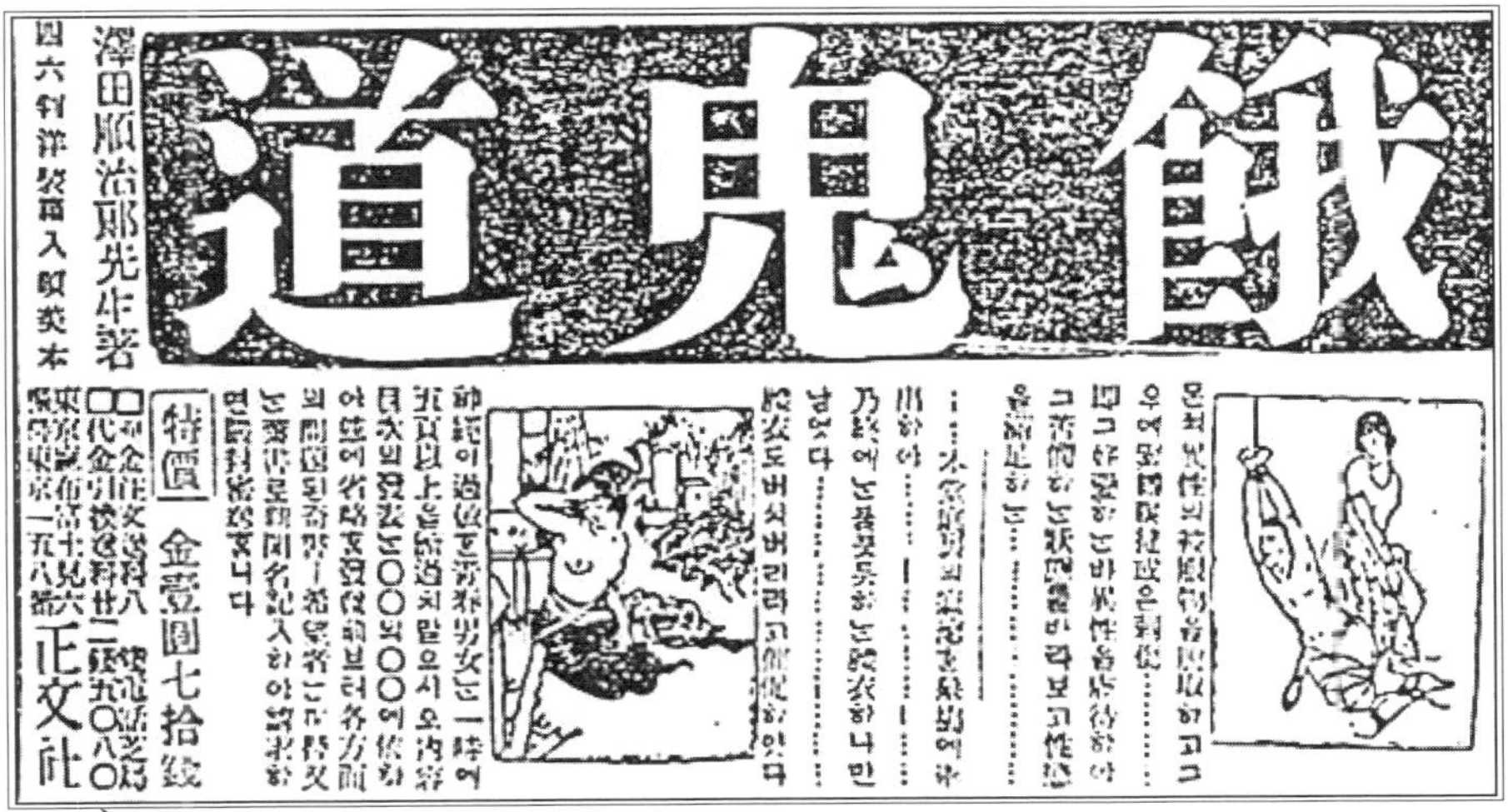
餓鬼道
澤田順治郎先生作著
特價　金壹圓七拾錢
正文社

澤田順治郎先生著『餓鬼道』。古今東西の性にまつわる奇習を紹介。それにしても、この時代にSMとは。しかも、責めているのは女性である。ところどころ伏字（〇〇）もあって、なるほど「餓鬼道」の名に恥じぬ広告だ。(「東亜日幹」1923年9月18日)

珍本八冊
男女美人法
女子의秘密
春色梅曆
夜의玉手箱
枕の草紙
女性의赤裸々
今流行歌
結婚初夜의智識

「いいようのないよろこびの珍本八冊」「男女美人法」「女子の秘密」「春色梅暦」「夜の玉手箱」……「女体の赤裸々」「女子肉体の構造と性欲作用」「結婚初夜の智識」。「枕の草紙」には笑った。(「東亜日報」1924年9月7日)

また、『餓鬼道』では、多田春潮なる人物の語るを記す、として朝鮮の妾文化について触れ、《朝鮮人は、蓄妾《ちくしょう》をもって、社会組織上の重要事と思惟し、之れをもって人道に反するものと為《な》すが如き観念は毫末《ごうまつ》（但馬註・毛ほどの細かなもの）もないのみならず、寧《むし》ろ之を誇りと為す。実に彼等は蓄妾をもって、生活に欠くべからずものとなし、日本人の秘密裡に蓄《たくわ》うるものとは全然趣《おもむ》きを異にし、堂々他人に向かって、之れを公言し、蓄妾の有無を聞くことを憚《はばか》らない。》としている。

余談ついでにつけくわえるなら、澤田順次郎の弟で地質学者の澤田俊治は朝鮮で教員をしていたことがあり、おそらく兄の朝鮮習俗の取材には彼のサポートがあったことだろう。

この俊治という人物もかなりの奇人だったようで、朝鮮の学校を退職後、日本国内を無銭で放浪、さらに、満州、樺太、台湾、蒙古《もうこ》まで足を延ばして、托鉢《たくはつ》で粥《かゆ》をすすりながら、ひたすら化石の採集に没頭していたという。アイヌ民俗学の権威で教育者の吉田巌は、訪問を受け初めて会ったときの俊治のいでたちについて、まさに弊衣蓬髪《へいいほうはつ》、足袋は破れて10本の足指が露出していたと記している。同時に、その学識の深さには大いに舌を巻いたという。

『男女生殖器図解』。こんな堂々としたタイトルでいいのだろうか。キセルを持った妓生のイラストが可愛い。「性交法の研究」「男女手淫」「生殖器病自宅秘密治療法」。（「朝鮮日報」1925年6月1日）

思えば、「四十八手」というフレーズもなつかしいものがある。付録で「枕哲学」なる小冊子がついてくるらしい。医学や科学を超えてセックスは哲学へ。（「東亜日報」1930年5月日付未詳日）

『性愛宝典・結婚初夜の知識』。初夜とか夫婦生活という言葉がエロかった時代だったのか。この本を枕元にコトに及んだ若夫婦も多かろう？　さすがに「五百萬組」はないだろうが。（「朝鮮日報」1928年5月9日）

短少（ママ）、機能障害……。思春期の男の子にとって性のコンプレックスはつきないもの。まさに懊悩である。左の建物の写真は「東京府療法研究所外景」なのだそうだ。（「朝鮮日報」1931年4月23日）

リギングとはコンドームのこと。この当時は避妊具というより性病予防具としての需要が高かったようだ。伏字の○○○が、いろいろと想像をかき立ててくれる。女子専用具って何だろう。（「朝鮮日報」1925年5月4日）

「驚嘆的長春術」「最強最速性精力原素キング・オブ・キングス」「性欲学泰斗・獨医学博士・羽太鋭治氏発明」……あ、怪しい。絶対、怪しい。この時代になるとデザインはかなり洗練されてきている。羽太氏はこの広告の10年ほど前に神経衰弱で自殺。（「東亜日報」1938年2月27日）

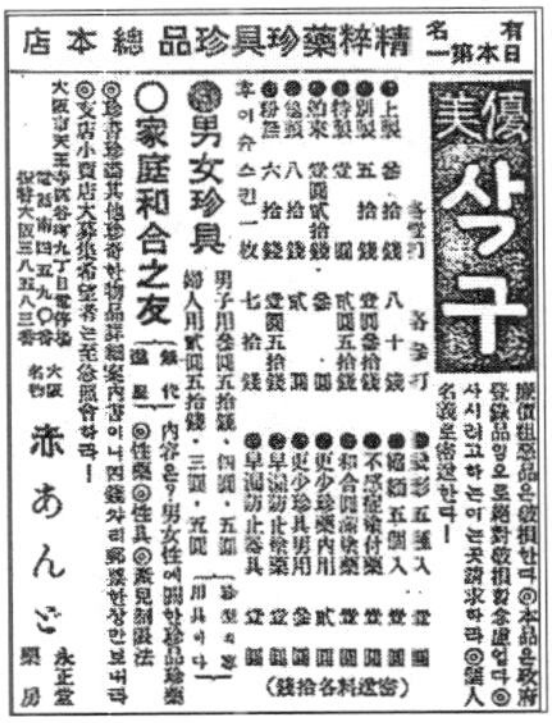

「男女珍具」「家庭和合之友」「不感症塗布薬」「和合円満塗布薬」「早漏防止器具」。赤あんど薬局は現在も大阪で営業をしている。珍具を買えるかどうかはしらないが。（「朝鮮日報」1931年6月12日）

「産児調節所」。当時の避妊具の写真のようである。鄭錫泰（チョンソテク）博士は産児調節の提唱者。『三千里』1929年3月号にも「コンドーム使用は無害」という啓蒙記事を寄せている。（「朝鮮日報」1930年4月日付未詳日）

「妓生」のいる風景

妓生は娼妓ではなく一流の芸能と教養を身につけた接待のプロで、広告を飾るタレントでもあった

広告ガールでもあった併合時代の妓生

併合時代の新聞広告を集めてみると、明らかに妓生《キーセン》然とした女性の写真が使われているものを見ることがある。日本でも最初にブロマイドになったのは新橋の芸者だったそうだが、同じように併合時代初期のポストカードの主役は妓生であった。その中でも売れっ子は、キャンペーンガールやグラビアアイドル、コマーシャル・タレントのような役回りもになっていたのだろう。

妓生とは本来、外国の使節や王族、高官を歌舞音曲や詩歌で接待する宮妓を指した。彼女たちには純然たるランクづけがあって、上から順に一牌《イルペ》、二牌《ニペ》、三牌《サムペ》となる。最高級の一牌ともなれば、落ちても両班《ヤンバン》の妾《めかけ》どまりで、夜伽《よとぎ》といっても歌を詠んだり歌舞や朝鮮琴の演奏を披露するのが仕事。三牌はいわゆる不見転《みずてん》芸者、枕芸者で、ひところ流行った妓生観光なる買春ツアーのイメージはこちらである。一般的な売春婦は蝎甫《カルボ》といい、別に論じなければならない。

妓生は巫堂《ムーダン》と同じく身分は賤民だが、漢詩を吟《ぎん》じたりする関係上、読み書きができ、それなりの教養を身につけていた。これは「三界に家なし」を地でいく、李朝時代の女性としては特異なことであった。

憧れの名楼・明月館

併合時代の妓生文化を語るには、明月館《ミョンウォルグァン》を抜きにすることはできない。明月館は王室の典膳司掌膳（料理の最高責任者）だった安淳煥《アンスンファン》が京城鍾路の地に設けた官妓付きの高級料亭で、開業は１９０９年（明治42年）というから日韓併合とほぼ歴史を一《いつ》にしている。庭園をいただく１２００坪の敷地に建つ純朝鮮式の建物の２階は貴賓室、１階は一般客用で、料理は宮廷料理が中心であった。内部にはステージがあり、連日、妓生たちの煌《きら》びやかな

「彼女の絹のような髪に」。花王シャンプーの顔だった平壌妓生の盧銀紅（ノウンフォン）。花王は「かおう」でなく、「ファワン」と朝鮮式の読みで一般には親しまれた。（右＝「東亜日報」1935年8月14日。左＝同1939年8月31日）

金英月（キムヨンウォル）は、平壌妓生の代表格の1人。朝鮮7大美人にも選ばれている。歌に定評があり、映画『洛陽の道』（1927年）で女優としても活躍。どこかはかなげな雰囲気が男性ファンの心を捉えた。（「東亜日報」1930年日付未詳）

ショーが披露されていたという。この朝鮮式家屋は1918年の失火で焼失してしまい、新たに鉄筋コンクリートの建物に生まれ変わるが、料理や妓生たちのショーはなんら変わることなく、1970年代に使命を終えて閉店するまで、多くの文人墨客に愛され続けた。

日韓併合条約に調印したときの大韓帝国総理大臣・李完用《イワンヨン》が明月館の常客だったことは有名で、ほかに親日派の政治家、財界人、独立派の闘士、芸術家、日本人高官、総督府要人ら海千山千のつわものたちがここを訪れ、あるいは密会し、この店の2階で多くの「歴史」が作られていった。

むろん、庶民にとっても憧れの社交場で、「土地を売っても明月館妓生歌を聴いたら心残りがない」とまで言われたという。おそらく、明月館秘話、秘録、秘史の類を集めたら、軽く一冊の本ができあがるのではないか。

面白いエピソードもある。明月館に石井柏亭《はくてい》画伯の寵愛を受け、彼の絵のモデルにもなった紅蓮《ホンリョン》という名妓がいた。多くの男を腹上死させた魔性の女であり、彼女の死後、その性器が標本として国立科学捜査研究所に保管されているというのだ。にわかに信じられない話だが、これを「日帝の蛮行、死者への冒とく」だとして、大真面目に糾弾し、さらには科捜研に標本の破棄を求めて裁判所に訴えた僧侶がいるというのだから2度驚く。

明月館には支店があり、そこは三一運動の独立宣言の朗読が行われたといういわくつきの場所である。それとは別に、1920年代に東京赤坂の地に、明月館という名の妓生料亭があったといわれている。ここの経営者は盧瓊月《ノケイウォル》という元平壌妓生で、京城の本家・明月館との関連は不明だが、国会議事堂や首相官邸にも近く、政治家や総督府関係者の御用達になっており、内地における朝鮮統治の出先機関の役目をはたしていたという。

李垠《イウン》王子夫妻や作家・李光洙《イグアンス》もたびたびここを利用していたといわれている。しかし、赤坂明月館は隆盛を誇りながら、なぜか十数年で廃業。その後、日本人に買い取られ、「料亭」(「朝鮮日報」2001年3月27日)と名を変えた。

この幸楽は226事件の際、反乱部隊が立ち寄った場所として知られるが、その後、アメリカ軍の空襲によって焼失。戦後、同じ場所に建てられたのがあのホテルニュージャパンで、ご承知のように、これも1982年(昭和57年)に43人の犠牲者を出す火災事故を起こし廃業となっているのもどこか因果めいている。これは余談か。

1935年(昭和10年)、朝鮮満州に旅した大宅壮一のレポートによると、妓生の玉代は《一時間京城では一

張蓮紅（チャンヨンフン）。平壌妓生。「併合時代の妓生ではもっとも美しい」といわれた朝鮮7代美人の筆頭。教養のほうもずば抜けていて、文人たちも彼女には一目置いていたという。留学先の支那で行方を絶つ。（「東亜日報」1932年9月日付未詳）

祝毎日申報紙齢壹萬號

朝鮮料理元祖

明月館

京城敦義洞一四五　電話光化門 六八 六 四二 一五〇九番

祝・毎日申（新）報紙齢一万号。明月館の1面を使った広告。写真は、火災後、新たに建てられたコンクリート造りの建物である。「朝鮮料理元祖」の文字に誇りと自信がにじむ。毎日新報は朝鮮総督府の事実上の機関紙である。（「毎日新報」1935年6月25日）

円三十銭、平壌大邱では一円、その他は五十銭から八十銭位である。月収は一流だと三百円以上もあり、二流は平均二百円、三流でも百円にはなるといふ。税金は月五円である》（「満鮮スリル行」『日本評論』１９３５年）とのこと。

また、妓生には有夫妓《ウプギ》と無夫妓《ムプギ》に分かれ《有夫妓の夫といふのは、いはば亭主と牛太郎を兼ねたやうなもので、客に対するサービスの仕方を色々とコーチする》のだそうだ。牛太郎は「妓夫太郎」のあて字で、要するにポン引きのことである。

「朝鮮の妓生と蝎甫《カルボ》」という探訪記事を書いた宮崎九州なる人物も、朝鮮の蝎甫の客引きのほとんどが亭主であると驚いている。蝎甫とは一般にいう私娼を指す。

《此の夫なるものが黙許どころか否強ひてその妻に淫を鬻《ひさ》がしめ、それによって自分を養はれて居るのだから驚くではないか、道徳が何の彼のと言っても問題は既にその域を超越していて、ただ開いた口が閉がらぬばかりである。而《しか》もその買淫料ときては驚くほどに至廉なるもので、大抵二十五銭、これに客引きへの心づけ五銭、都合三十銭である。》（「朝鮮の妓生と蝎甫」『女の世界』１９１６年５月号増刊）

大宅が朝鮮を旅する20年前の話であるから、当然物価の変動も考慮しなければならないが、それを差し引いても、蝎甫が娼妓としていかに最底辺の存在であったかがわかる。

平壌には有名な妓生学校が

平壌妓生という言葉があるが、実は平壌こそが妓生の本場なのである。戦前まで平壌には有名な妓生学校が存在していた。日本軍慰安婦カミングアウト第1号の金学順《キムハクスン》さんが、この学校の出身者だったという。大宅壮一はここも見学している。

《平壌には妓生学校ができてゐるといふので、行ってみた。資本金二萬円の株式会社で、検番の附属事業になってゐる。入学資格は、「普通学校四カ月修業若しくは之と同等以上の学校を修業し又は同程度に於ける学科試験を施行し同等以上と認めたるものにして身体発育完全なる女子に限る」とある。年齢は十三歳以上十五歳以下である。》《月謝は、一学年は一円、二学年は二円、三学年は三円だそうだから、比較的やすい。職員は主として検番の連中で、月給は二十円乃至《ないし》五十円になってゐる。》（前出「満鮮スリル行」）

学科は以下のとおり。第1学年（歌曲、修身、唱歌、国語、朝鮮語、算術、書画）、第2学年（羽調、詩調、

「(京城) 明月館第一号舞台」とある。客はこれらのショーを見ながら食事を楽しむ。(当時の絵葉書)

朝鮮日報が赤坂・明月館の庭園の写真であるとして発掘スクープしたもの。料理はやはり朝鮮宮廷料理で、2名利用で20〜60円。公務員の給与が70円の時代にだ。(「朝鮮日報」2001年3月27日)

石井柏亭画『紅蓮花』。この女性の性器が本当に標本になっているというのか。石井は朝鮮で『厨』など、何点かの秀作を残している。

「見事に並んで撮影した平壌妓生学校の麗観」。白いチョゴリの生徒たちが元気に手を振っている。これは新校舎である。旧校舎は木造2階建て。(絵葉書より)

歌詞、国語、朝鮮語、算術、音楽、書画、修身、唱歌、舞踊）、第3学年（歌詞、舞踊、雑歌、日本唄、国語、朝鮮語、算術、東西音楽、書画、修身、唱歌）。

国語とは日本語のこと。算術や修身までカリキュラムにあるとはちょっと驚きである。

ちなみに、大宅が訪れたのは日曜日で、授業を見学することはできなかったという。日曜が休校というのは、いかにも「学校」然としている。妓生という言葉から浮かぶ淫靡《いんび》なイメージは微塵《みじん》もない。歌舞音曲はもちろん、ここを卒業すれば、当時の朝鮮女性にとっての一般教養以上のものを身につけることができたことになる。金学順さんがここに入学するのは大宅壮一の訪問の4年後の1939年（昭和14年）のことである。

平壌妓生学校の様子は当時の絵葉書からも知ることができる。お抱えのオーケストラがあり、朝鮮民謡あり洋楽あり、少女歌劇団によるレビューなども定期的に公開されていたようだ。宝塚音楽学校をイメージすると、当たらずも遠からずだろうか。

多くの卒業生の中で、もっともメジャーな存在として記憶されているのは、王壽福《ワンスボク》ではないか。日本初のソプラノ歌手・ベルトラメリ能子（のちの国立音大教授）に師事し、クラシック、流行歌、民謡と、幅広いジャンルで活躍した朝鮮のトップ歌手である。朝鮮民謡をクラシック唱法で歌うなど、後世に与えた影響も大きい。雑誌『三千里』の人気歌手ランキングでは李蘭影を抑え堂々の1位を獲得している。彼女がコンサートのため平壌から京城入りすると、ポリドールの重役（日本人）たちが総出でお迎えし、人力車で会場まで送ったというエピソードは有名だ。

王壽福は戦後、夫とともに北朝鮮へ渡り、中央ラジオ放送委員会専属歌手などで活躍したという。2003年（平成15年）、86歳で死去、愛国烈士陵に眠っている。

最後に。大宅壮一が平壌妓生学校新卒のニューフェイス妓生に歌を所望したさい、扇子に書いてよこしたという戯れ唄2種を紹介しよう。

《君と私は硯《すずり》と墨よ　すればするほどオハラハラ　こゆくなる》

《入れて頂戴かゆくてならぬ　私ひとりがオハラハラ　蚊帳の外》

妓生学校の授業風景。一流の妓生には、絵のたしなみも必要である。（絵葉書より）

王壽福。妓生歌手の第1号。「輝く日本大博覧会出演」とある。アリランの歌詞がノルモザンという薬の宣伝になっている。武田薬品とのタイアップ・ブロマイドのようだ。王壽福に関しては、近年、韓国では『解語花』（人語を解する花、という意）という伝記映画も作られた。

妓生学校専属のバンドと少女レビューの様子。シルクハットに燕尾服、ステッキ。美空ひばり『悲しい口笛』の先取りだ。「歌劇に新生面を拓くモダンな妓生」。（絵葉書より）

サブカルチャーとしての「カフェー」

文化サロンからエロ・グロの発信基地へ

「エロ」という言葉を流行らせたのはカフェー

《1920年代後半の最初に登場し、30年代に入って栄えたカフェーは、官能的な室内の雰囲気を備えて濃い化粧に艶《あで》やかな衣装の女給を雇用することにより、多数の人に憧れの対象になった。勤め人、セールスマン、学生、教師、ジャーナリスト、ほぼすべての階層の男がカフェーに集まった。女優もカフェー女給にならってエロを発散した。実際に多くの女優が経済的困窮に耐えられず、自発的にカフェーの女給として働いた。

この頃「エロ」という言葉が新たに流行するようになったのは1920年代後半から登場した「カフェー」の影響が少なくない。カフェー以前は、妓生や売春宿、街で出会う新女性だけが官能的な欲望を満たしてくれる対象だった。しかし、料理屋の妓生は新女性が持つ洗練されたエロティシズムを備えるように近代化するには時間がかかった。》（ソ・レソプ＝蔚山大学准教授「味から読む近代文学」『新東亜』2014年5月号）

カフェーと名のつく店が最初にわが国にお目見えしたのは、1911年（明治44年）3月。フランス帰りの洋画家・松山省三が、日本にもパリのカフェー文化を、という願いをこめて東京銀座にオープンした「カフェー・プランタン」がそれだ。命名者は劇作家の小山内薫である。思い叶ってか、プランタンには、永井荷風、森鷗外、谷崎潤一郎、正宗白鳥、黒田清輝、二世市川猿之助ら、当代一流の文化人が日々つどった。カフェー名物の和装に白エプロンもこのとき登場している。彼女たちは、女優の卵や画家のモデル、あるいは画学生、声楽家といった、当時最先端のインテリ女性たちであった。

しかし、カフェーが真の意味での日本のサロン文化の聖地たりえたのは、せいぜい大正半ばまでで、関東大震

「カフェー・ソウール」。京城の南村にあったという、典型的な大衆カフェーとその女給。「御定食」とあるから、食堂も兼ねていたのだろう。（「朝鮮日報」1929年10月26日）

日本留学組の工芸美術家・李順石（イスンソク）が京城の小公洞にオープンしたカフェー「楽浪パフェ」の店内の様子。「楽浪」はいわゆる文人カフェーの中では成功した部類だ。

災以後は当時の退廃的なムードの影響もあり、カフェーは急激に俗化、ありていにいえば、エロ化していく。チップ次第で女給がキスやタッチ・サービスをOKする店が出始め、文化の香りをそこに求めていた文人たちの足はやがて遠のき、インテリ女給もいつの間にかいなくなった。それをいいことに、娼妓あがりや家出娘が女給としてカフェーに入り込むようになり、ピンク化はますます加速していった。

エロというモダニズム

内地でカフェーを始めたのは洋行帰りの画家だったが、半島でカフェーを最初に開いたのは映画人だった。1927年（昭和2年）、『一神の装い』の監督・李慶孫《イギョンソン》が京城鍾路区に「カフェー・カカデュー」を、次いで、日本の美術学校に留学経験のある俳優・金仁揆《キムインギュ》がやはり鍾路区に「カフェー・メキシコ」をオープンさせている。李も金も思いは松山と同じで、「文化芸術家は知識を分けて討論もするヨーロッパ式サロン文化の提供」、これにつきた。メキシコの常連には、李光洙《イグァンス》（作家）をはじめ、金烔元《キムヒョンウォン》（詩人）、柳致真《ユ・チジン》（劇作家）、卜恵淑《ボクヘスク》（女優）、徐月影《ソウォンヨン》（俳優）らがいた。しかし、彼らの高騰趣味は一般大衆に受け入れられるはずもなく、どこも経営は火の車だったようだ。金仁揆がメキシコの看板を下ろしたとき、未収金が3000円に達したという。現在の金額に換算すると30億ウォン（約3億万円）に相当する。常連の文人たちにツケで好きなだけ飲み食いさせていたことが、文字どおりのツケとなって彼を苦しめた。

やがて、内地同様、文化サロンとしてのカフェーはエロ・カフェーの渦に呑み込まれていく。冒頭のソ教授の活写するカフェーの様子はまさにその過渡期のものだ。

《カフェーは「現実味、アンニュイ、肉感、手回し蓄音機の甘美なタンゴ、相方を探索する不思議な疲労、リキュールの濃厚な色彩、幻覚的末梢神経の奇妙な発動」などに満ちた「青春の遊び場」であり、すべての享楽を備えたところだった。カフェーの女給「ウェイトレス」は花柳界の女たちのもったいつけた謡いなどとは異なり、近代的エロティシズムを発散していた。カフェーは、女性の装い、花屋の経営など、すべての面で近代的な面を持っていた。「自由、開示、解放」の雰囲気の中で「エロ」への欲求を合理的に満足させることができるスペースがカフェーであった。》（前出「味から読む近代文学」）

エロ——それはモダンの同義語だったのである。

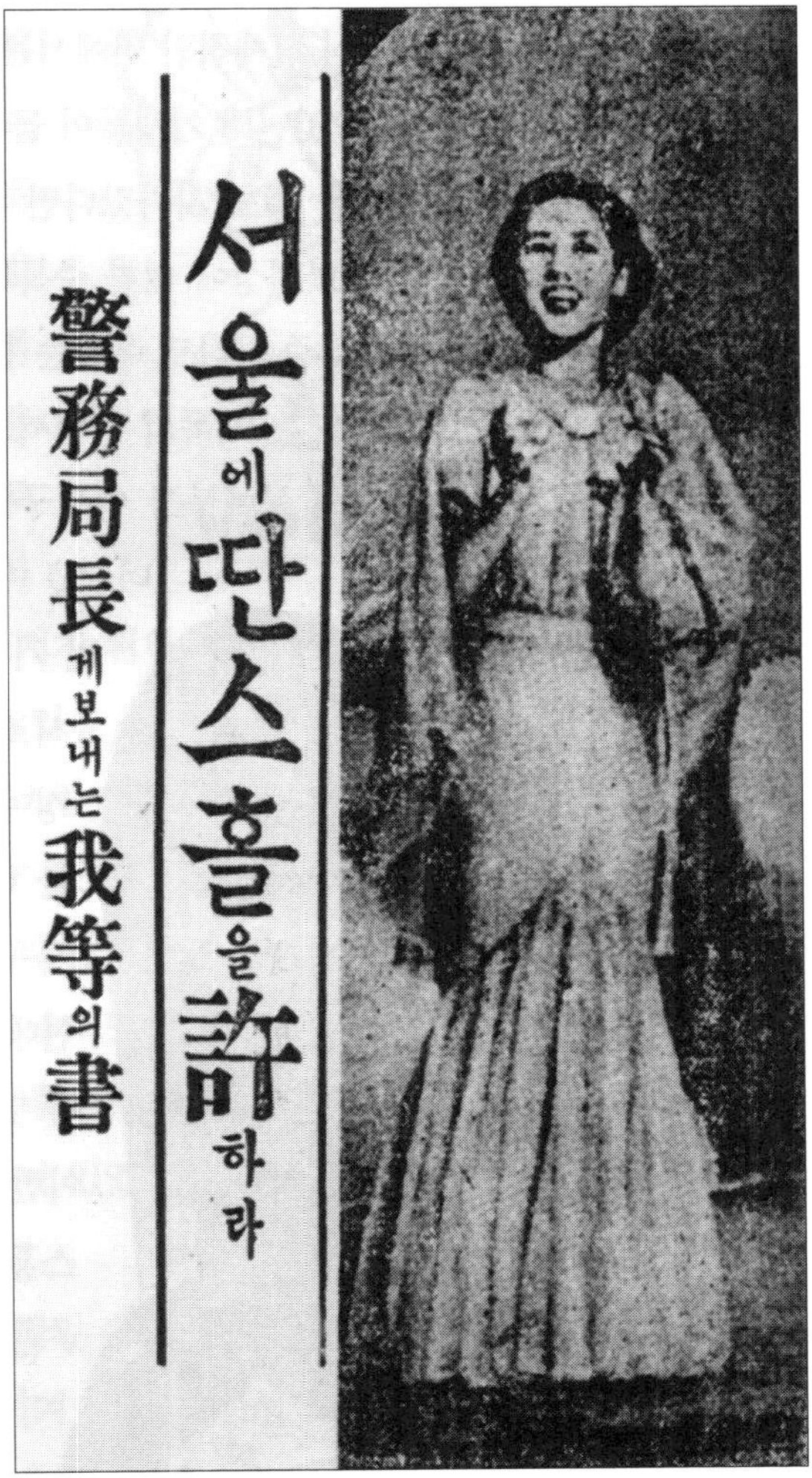

「ダンスホールの営業を許可する」とある。ダンスホール側の広告か。当時、ダンスホールは男女にとって最高の社交場だった。（「朝鮮日報」1930年日付未詳）

李慶孫。半島で最初のカフェー「カカデュー」をオープン。映画監督としての彼は、芸術的評価は高いものの、商業的成功にはあまり恵まれなかった。のちに上海に転じ、晩年はタイ人の夫人と結ばれ同地に骨を埋めた。

「サロン・アリラン」開店。カフェーの大衆化のいきつくところは、サロン・キャバレー文化へと流れた。ちなみに、専属のオーケストラとダンス・スペースのあるものをキャバレー、それ以外をサロンと呼んだ。（「朝鮮日報」1931年8月10日）

エロ化する女性風俗を皮肉る漫評。右端はカフェーの女給らしい。（「朝鮮日報」1930年1月14日）。

広告でみる日韓併合の真実 column 04

半島苦界草紙

その是非は別として、人類の続く限り売春はなくなることはないと断言する。現に社会主義国であろうとイスラム社会であろうとさまざまな形で売春は存在しているではないか。

日本は朝鮮を併合すると内地と同様の「公娼制度」（朝鮮総督府警務総監部令第4号「貸座敷娼妓取締規則」）を導入した。それをもって、日本は朝鮮に売春を合法定着化させたと非難する人がいるが、それはお門違いの非難である。併合以前から朝鮮半島にはさまざまな形で売春は行われていた。あこぎな女衒《ぜげん》の類も横行していて、中には人さらいのように婦女子をさらって売り飛ばす者も少なくなかった。売春業務を「公娼」という枠の中に入れて管理することで、そういった悪徳女衒、悪徳妓楼から婦女子を守ろうというのがこの制度の本来の目的だった。ちなみに女衒のほぼ100パーセントが朝鮮人である。彼らの悪行をそのまま転嫁、トレースして作られたのが「慰安婦強制連行」神話であることはいうまでもない。

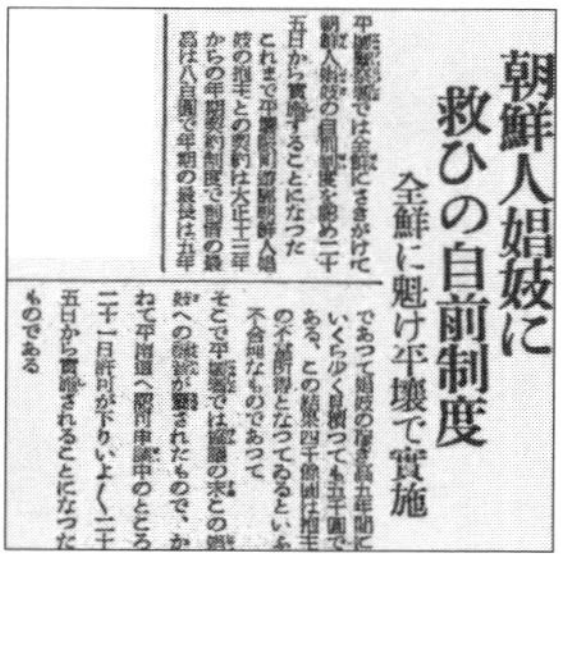
朝鮮人娼妓に
救ひの自前制度
全鮮に魁け平壌で實施

「朝鮮人娼妓に救ひの自前制度／全鮮に魁け平壌で実施」。何年務めても前借りは減らない。平壌警察者は妓楼の不当なピンハネを禁じ、娼妓の自前とした。これが事実なのである。（「大阪朝日・北鮮版」1940年6月25日）

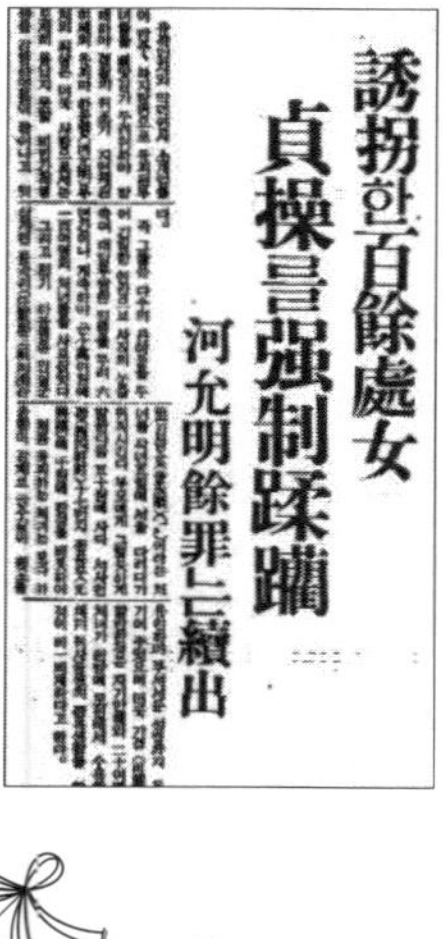
誘拐한百餘處女
貞操를强制蹂躪
河允明餘罪는續出

釜山の女衒45名が、「満州は景気がいいから」など甘言を用いて少女約100人を妓楼に売り飛ばしたという、いわゆる「処女貿易事件」。半島を震撼せしめた。（「東亜日報」1939年8月5日）

懸賞尋人
本籍 大邱府新町一四六番地
（娼妓） 妓名君子 本名[illegible]
特長
身長四尺八寸年齡二十一歲（中肉）前齒上金入齒有（口）普通口色白、目大（髮）朝鮮髮（或）는洋式髮右는舊一月八日午後一時頃에逃走함發見取押通知懸賞金進呈
懸賞金五十圓也
釜山綠町一二九番地
電話 取次 六八六番
廣告主 金海樓

足抜けした遊女の手配広告。「懸賞金五十圓」。米価から換算すると大正12年の50円は現在の約17万円の使い手がある。この女性がその後、捕まったのか、どのような運命が待っていたのかは知るよしもない。（「朝鮮日報」1923年4月6日）

あとがき

彼らにとって戦前と戦後、どちらが地獄だったか

拉致問題の完全な解決なくして日朝国交正常化はなし。日本人は改めてそれを確固たる共通認識として、あの国、さらには38度線のこちら側にあるもうひとつのコリアに対峙《たいじ》しなければならない。

拉致は北朝鮮のお家芸ともいっていい。彼らによって拉致されたのは日本人ばかりではない。朝鮮動乱時、陥落後のソウルではさまざまな韓国の人材が拉致、連行され北に渡っている（拉北者《ラホクシャ》）。今回、この本を執筆するにあたって、改めてそれらの事実を知り驚愕している。本書に登場する人物からざっと拾い上げても、李光洙（作家）、崔麟（作家）、方應謨（ジャーナリスト）、金海松（音楽家）、李貞喜（女性飛行士）、らの名前が挙がる。その他に有名なところでは、崔寅奎（映画監督）、朴烈（元アナーキスト・民団初代団長）、金億（詩人・エスペランティスト）らも拉北者である。彼らのその後の運命は想像するまでもない。

一方、自分の意志で北に渡ったのは、崔承喜（ダンサー）、王壽福（歌手）、蔡奎燁（歌手）、林仙圭（映画監督）と文藝峰（女優）の夫妻……。彼らとて、社会主義国家建国の理想だけで鴨緑江を渡ったわけではあるまい。韓国にとどまっても親日派（チムイルパ）のレッテルを貼られ、反民族行為処罰法によっていつ何時、牢獄に送られるかもしれないのである。座して死を待つよりも一かバチか新天地を目指そうと考えたとしても、それは人情だろう。

親日派のレッテルも恐ろしいが、もっと恐ろしいのは共産主義者というレッテルであった。李承晩政権によって主義者に仕立てられ、済州島四三事件や保導連盟で虐殺された韓国良民は１００万人以上に及ぶ。これは朝鮮動乱の戦死者を軽く上回る。

それら元「日本人」の無数の墓標を思うとき、地下に眠る彼らが日韓併合時代を果たしてどのように評価するのか聞いてみたいという衝動にかられてやまぬ。

北朝鮮が民主化され、言論と移動の自由が保障されるようになったら、ぜひ愛国烈士陵に眠る崔承喜女史の墓前に本書を手向けたいと思っている。

著者略歴

但馬オサム（たじま おさむ）

昭和37年東京生まれ。文筆人・出版プロデューサー・国策映画研究会会長。10代のころより、自動販売機用成人雑誌界隈に出入りし、雑文を生業にするようになる。得意分野は、映画、犯罪、フェティシズム、猫、と多岐にわたる。
著書に『韓国呪術と反日』（青林堂）、『ゴジラと御真影―サブカルチャーから見た近現代史』（オークラ出版）、『金正恩の黒幕はアメリカだった』『北朝鮮発！「世界核戦争」の危機』『ヤクザと妓生が作った大韓民国』（菅沼光弘氏との共著、いずれもビジネス社）など。

300枚のユニークな広告が語る　こんなに明るかった朝鮮支配

2018年8月1日　第1版発行

著　者　但馬オサム
発行人　唐津 隆
発行所　株式会社ビジネス社
〒162-0805　東京都新宿区矢来町114番地　神楽坂高橋ビル5階
電話　03(5227)1602（代表）
FAX　03(5227)1603
http://www.business-sha.co.jp

印刷・製本　株式会社光邦
カバーデザイン・本文組版　坂本泰宏
営業担当　山口健志
編集担当　佐藤春生

ISBN978-4-8284-2043-1